TRÊS UTOPIAS CONTEMPORÂNEAS

FUNDAÇÃO EDITORA DA UNESP

Presidente do Conselho Curador
Mário Sérgio Vasconcelos

Diretor-Presidente
Jézio Hernani Bomfim Gutierre

Superintendente Administrativo e Financeiro
William de Souza Agostinho

Conselho Editorial Acadêmico
Danilo Rothberg
João Luís Cardoso Tápias Ceccantini
Luiz Fernando Ayerbe
Marcelo Takeshi Yamashita
Maria Cristina Pereira Lima
Milton Terumitsu Sogabe
Newton La Scala Júnior
Pedro Angelo Pagni
Renata Junqueira de Souza
Rosa Maria Feiteiro Cavalari

Editores-Adjuntos
Anderson Nobara
Leandro Rodrigues

Francis Wolff

TRÊS UTOPIAS CONTEMPORÂNEAS

Tradução
Mariana Echalar

© 2017 Librairie Arthème Fayard
© 2018 Editora Unesp

Título original: *Trois Utopies contemporaines*

Direitos de publicação reservados à:
Fundação Editora da Unesp (FEU)
Praça da Sé, 108
01001-900 – São Paulo – SP
Tel.: (0xx11) 3242-7171
Fax: (0xx11) 3242-7172
www.editoraunesp.com.br
www.livrariaunesp.com.br
feu@editora.unesp.br

Dados Internacionais de Catalogação na Publicação (CIP)
de acordo com ISBD
Elaborado por Vagner Rodolfo da Silva - CRB-8/9410

W855t

Wolff, Francis
 Três utopias contemporâneas / Francis Wolff; traduzido por Mariana Echalar. – São Paulo: Editora Unesp, 2018.

 Tradução de: *Trois Utopies contemporaines*
 ISBN: 978-85-393-0743-2

 1. Filosofia. I. Echalar, Mariana. II. Título.

2018-786   CDD 100
                                                 CDU 1

Editora afiliada:

Asociación de Editoriales Universitarias
de América Latina y el Caribe

Associação Brasileira de
Editoras Universitárias

– SUMÁRIO –

Introdução – Morte e renascimento das utopias 7
Nossas antigas utopias / O fim das utopias? / Os direitos humanos contra as utopias políticas / Os humanos dos direitos contra as utopias políticas / Dúvidas / Os novos caminhos opostos da utopia: o homem entre deus e animal

1 Além do humanismo: a utopia pós-humanista 25
Do homem do Iluminismo ao novo homem da revolução pós-humanista / Contexto / Dúvidas / Uma ética da primeira pessoa / Programa humanista para o melhoramento infinito do humano

2 Aquém do humanismo: a utopia animalista 43
Do homem do Iluminismo ao novo homem da revolução animalista / Contexto / Dúvidas / Uma ética da segunda pessoa / Programa humanista para um tratamento ético dos animais / Entrecruzamento das éticas da segunda e da terceira pessoas

3 No prolongamento do humanismo: a utopia cosmopolítica .. 75
Do homem do Iluminismo à revolução cosmopolítica / Contexto / Dúvidas / Uma ética da terceira pessoa / Cosmopolitismo, estágio supremo do humanismo

Conclusão – Transposição das fronteiras.................. 113
Referências bibliográficas....................... 117

– INTRODUÇÃO –

MORTE E RENASCIMENTO DAS UTOPIAS

Estamos cansados das utopias.

Estamos cansados das utopias literárias e dos devaneios sobre a Cidade ideal: as utopias em ação que foram os totalitarismos do século XX nos nausearam. Os horrores reais de uns nos impedem de sonhar com os outros.

Nossas antigas utopias

De Platão a Thomas More, de Étienne Cabet a Fourier, as utopias falavam da rejeição do presente e do real: "Existe o mal na comunidade dos homens". Mas não lhe contrapunham o futuro nem o possível; elas descreviam um impossível desejável: "Seria bom viver lá!". Não eram programas políticos planejando meios de atingir um objetivo racional. Contentavam-se em querer o melhor. E mais valia o Bem nunca obtido a um Mal menor amanhã. As utopias eram revolucionárias, mas em palavras: "Os homens vivem assim, sempre viveram assim, deveriam viver de outra forma". Todas as utopias comunistas do século XIX foram assim. Quando se tratava de arregaçar as mangas, havia um esforço para criar à distância, e durante um certo período, uma pequena comunidade real mais ou menos em conformidade com o sonho. Os utopistas eram revolucionários quando não eram realistas, e quando eram realistas não eram revolucionários. Nunca visaram a eliminar o Mal para sempre e derrubar as comunidades políticas existentes para instaurar o Bem. Por exemplo, Étienne Cabet, com seu comunismo cristão, imaginou a cidade ideal de Icária e tentou fundar uma colônia icariana em New Orleans, em 1847. Charles Fourier, com seu falanstério, estava em busca de uma harmonia universal que se formaria livremente por afeição de seus membros. O mais realista de todos, Saint-Simon, descreveu uma sociedade fraterna, cujos membros mais competentes (industriais, cientistas, artistas, intelectuais, engenheiros) tinham a tarefa de administrar a França da forma mais econômica possível, a fim de torná-la um país próspero, onde reinariam o interesse geral e o bem comum, a liberdade, a igualdade e a paz; a sociedade seria uma grande fábrica. Mas o sonho de uma associação entre industriais e operários baseada na fraternidade, na estima e na confiança desfez-se na realidade das grandes empresas capitalistas dos saint-simonianos, no Canal de Suez e nos caminhos de ferro franceses.

No fundo, aconteceu o mesmo com os teóricos do "comunismo científico" no século XIX, Karl Marx e Friedrich Engels. Eles, é claro, eram autenticamente revolucionários e profundamente realistas, pois fundamentaram seu projeto político em uma análise do funcionamento econômico e histórico do capitalismo, mas a ideia comunista e a abolição da propriedade privada permaneceram em estado de esboço nas obras dos autores do *Manifesto*, um ideal abstrato e, por assim dizer, vazio, ou, em todo caso, tão utópico quanto nos teóricos franceses. Nos *Manuscritos de 1844*, a ideia comunista é pura especulação conceitual em torno da "apropriação real da essência humana pelo homem e para o homem" ou "a verdadeira solução da luta entre existência e essência, entre objetivação e afirmação de si mesmo, entre liberdade e necessidade". Em *A ideologia alemã*, é uma expressão puramente verbal para designar "o movimento real que abole a ordem estabelecida".

Em Engels, é "o ensinamento das condições da libertação do proletariado" (*Princípios do comunismo*). É uma ideia até mais vaga e abstrata nos marxistas do que nos utopistas, pois é dissociada de qualquer tentativa de fundamentação conceitual e qualquer análise concreta dos meios de sua realização. É ainda como um sonho de Cidade ideal, em que "cada um recebe conforme suas necessidades", como circulava entre os utopistas franceses do comunismo no século XIX.

Ao contrário de suas predecessoras, as utopias em ação dos totalitarismos do século XX situam-se no cruzamento de um *ideal* revolucionário ("partir ao meio a História do mundo", segundo Nietzsche em *Ecce homo*, depois retomado pelos maoistas) e um programa *realista* de transformação política radical. Enquanto as utopias de Platão a Engels evitavam os meios de se atingir o ideal para preservar sua perfeição, as utopias em ação fazem o inverso: retardam indefinidamente a realização do ideal para empregar da melhor forma os meios capazes de realizá-lo. Não é mais uma questão de sonhar com o Bem, mas de lutar indefinidamente contra o Mal. E, desde a *República* de Platão,[1] o Mal na comunidade política tem duas faces: ou é Impuro ou Desigual. Portanto, a Cidade deve ser: ou uma comunidade de iguais, cuja unidade perfeita é garantida pelo fato de que tudo é comum entre eles; ou uma comunidade pura, cuja unidade perfeita é garantida pelo fato de que todos têm a mesma origem. Define-se ou pelo comum das posses (nada deve pertencer a ninguém, mas a todos) ou pela identidade dos seres (ninguém deve ser estrangeiro): o comum que temos (ou deveríamos ter) ou aquilo que somos (ou deveríamos ser). Naturalmente, nessa união de idealismo revolucionário e realismo programático, o Bem absoluto, o Puro, o Comum, é uma idealidade fora de alcance: o combate mortal contra o Mal torna-se a obsessão dos regimes de terror.

---

1 Na *República*, há um programa comunista (comunidade de bens, mulheres e crianças entre os guerreiros, V, 457c-471c) misturado a um programa eugenista (controle do número de uniões e seleção dos melhores acasalamentos pelo Estado, por meio de sorteios manipulados, V, 458d-460b).

O Puro deve começar excluindo. Mas nunca chega a excluir por completo, porque o já purificado nunca é suficientemente puro. A ponto de a ideia se transformar em um delírio infinito de rechaçar e depois expulsar, a fim de exterminar. Os judeus e os ciganos, que encarnavam o micróbio maléfico que ameaça a pureza da raça e do sangue ariano, tinham de ser caçados até nos mais ínfimos recantos do território sob domínio nazista e eliminados como pulgas.

O Comum e o comunismo também estão fora de alcance. Começa-se expropriando. Mas ainda há a propriedade e o privado. E, portanto, nunca se chega a expropriar, despossuir, comunizar por completo. As lutas contra as classes (supostamente) proprietárias ou avessas à coletivização, os pequenos proprietários de terra, geram deportações em massa (deskulakização) ou organização sistemática de grandes fomes (Holodomor). Por isso, apesar da formidável esperança de emancipação que o ideal comunista representou durante quase um século para as classes ou povos explorados do mundo inteiro, ele se despedaçou no século XX contra o muro do "socialismo real". Nos antípodas do comunismo imaginado, ao qual se supunha que conduziria infalivelmente, o ideal comunista se transformou em uma máquina tirânica, burocrática e totalitária. A sociedade sem Estado sugerida por Engels na obra *Anti-Dühring*[2] tornou-se seu contrário, uma ditadura do Estado contra a sociedade. O terrível fracasso dessa utopia em ação destruiu os sonhos de libertação coletiva – enquanto "a exploração do homem pelo homem" continua indo muito bem.

Infelizmente, não se pode dizer o mesmo das utopias revolucionárias em nome do Puro. Enquanto o ideal comunista quase desapareceu dos programas políticos, a ideologia purista do sangue e da raça, a ilusão da origem comum (seja biológica ou religiosa) e, portanto, o ódio destruidor do estrangeiro continuam a alimentar as utopias coletivas e seus massacres em série: genocídio ruandês contra os tútsis, depuração étnica dos muçulmanos na

---

[2] "O governo das pessoas é substituído pela administração das coisas e pela direção das operações de produção. O Estado não é abolido, ele se extingue" (Friedrich Engels, *Anti-Dühring*).

ex-Iugoslávia (em particular na Bósnia), limpeza étnica de cristãos, turcomanos xiitas e no autoproclamado "Estado islâmico" etc.

O fim das utopias?

Felizmente, parece que somos poupados de tudo isso em nossas "democracias ocidentais", após setenta anos de paz sob as asas da Europa, algumas décadas de relativa prosperidade econômica e tranquilidade política sob a frágil proteção de nossos sistemas representativos. Não acreditamos mais na salvação comum. Nem na salvação nem no comum.

Há três razões para isso, todas as três interligadas: o fim do político, a desconfiança em relação ao Bem, o reino dos direitos individuais.

As utopias políticas conduziram ao desastre. Não conseguem mais nos fazer sonhar com o futuro como faziam no passado, porque estamos absorvidos por nosso hoje e por nós mesmos. A política parece ter derrotado o político. *A* política são estratégias coletivas ou táticas individuais, é o império dos "eles" ou o reino dos "eus". *O* político é a afirmação da existência de um "nós" ("nós, o povo"), além das comunidades de famílias ou amigos, das comunidades regionais ou religiosas, além das identidades de gênero ou origem, e aquém da comunidade humana em geral. As peripécias usuais dos governos representativos sufocaram o sentimento de pertencimento coletivo e a aspiração a um destino comum, que ressurgem apenas quando uma emoção violenta abala o corpo social, quando existe uma ameaça extremista ou ocorre um atentado terrorista. Em situações normais, porém, os acasos da conquista ou do exercício do poder escondem o político, isto é, as condições de unidade da comunidade.

Não acreditamos mais no Bem. Não sonhamos mais com uma Cidade bondosa, finalmente livre do Mal. Aspiramos simplesmente a uma sociedade – ou um mundo – menos má. Prova dessas aspirações são as manifestações que mobilizam a juventude dos países ocidentais ou sublevam os povos do planeta de vez em quando. Movimentos altermundialistas contra o capitalismo financeiro, Fórum Social Mundial (Porto Alegre), Occupy Wall Street, Indignados, Nuit Debout etc. Movimentos a favor da democracia nos países da Europa do Sul nos anos 1970, na América Latina e, em outros continentes, lutas de emancipação na praça da Paz Celestial (Pequim), na praça Tahrir (no Cairo), na praça Taksim (Istambul), de Sidi Bouzid (Tunísia), revolução dos guarda-chuvas (Hong Kong) etc. Apesar da diversidade de contextos e objetivos, em todas essas revoltas há uma constante que as distingue das utopias revolucionárias passadas: as pessoas se revoltam *contra* alguma coisa, elas não se mobilizam *por* alguma coisa. Sabemos o que elas rejeitam (injustiça, miséria, corrupção, humilhação, arbitrariedade, segregação e repressão), mas desconhecemos a que aspiram. Ou melhor, é como se tudo que desejassem fosse justamente um "menos" – menos injustiça, menos miséria, menos arbitrariedade, menos corrupção, menos segregação, menos repressão etc. –, ou o menos possível, mas nunca o impossível de um horizonte coletivo. Os que almejam em todo o mundo derrubar um poder tirânico ainda sonham com essa nossa "democracia" – que não nos encanta mais, porque acreditamos que as liberdades fundamentais em que ela consiste são para sempre e ela se resume a votarmos esporadicamente em políticas que não nos satisfarão. Pois quando não há mais nada contra o que se revoltar, restam apenas motivos para reivindicar. Contudo, ninguém mais sonha com uma Cidade perfeita: nem os que protestam contra sua miséria e servidão nem os que lutam por condições de vida decentes e pela satisfação de seus interesses. Não há mais utopia política.

Foi assim que se instalou entre nós o reino dos direitos individuais. Pois não desejamos mais um Estado ideal que nos una e nos faça um nós, um nós inédito, um nós que seja um nós mesmos: esperamos somente que esse Estado nos deixe em paz, cada um por si, e nos permita realizar as aspirações individuais a que acreditamos ter *direito*. O sonho de emancipação coletiva se estilhaçou em uma multiplicidade dispersa de desejos. Podemos indicar a data recente em que esse "nós" considerado poderoso demais começou a se encolher em "eus" triunfantes. Quando esses "eus" ainda usavam a máscara do antigo "nós" para se legitimar. No último terço do século XX, as reivindicações individualistas ainda tinham uma coloração revolucionária; as pessoas não sonhavam mais com a libertação de uma classe ou de um povo, mas ainda sonhavam com uma libertação política: a dos desejos individuais. O ideal proletário adquiriu um matiz libertário: foram os movimentos de "Maio de 68". O conceito de revolução recuava na história social e progredia nos costumes. Nesses movimentos dos países capitalistas ocidentais, as pessoas acreditavam, apoiavam, afirmavam em textos e discursos que *tudo* na vida de cada um era político por natureza, para além da própria política. O amor era político: elas acreditavam que as relações entre homens e mulheres, os sentimentos, a sexualidade eram determinados pela existência social – logo eram políticos. A arte também era política: a arte falsa era a arte reacionária, a música tonal, a pintura figurativa, o romance ou o cinema narrativos etc. A "verdadeira arte" era a das vanguardas, revolucionária na forma e messiânica no conteúdo. A moral, por sua vez, era política de um extremo a outro. Ou então era oca, ridícula. (Isso foi antes de tudo virar ética.) Este era o programa: libertação coletiva das aspirações individuais, "viver sem tempo morto e gozar sem obstáculos".

Desde o início do século XXI, não existe mais utopia política. Nem sonhos de *libertação* social; ela se despedaçou contra o muro da realidade totalitária: de suas esperanças restam apenas algumas conquistas, cada vez mais frágeis, do Estado providência. Nem sonhos de realização *libertária*; eles se chocaram contra o fim das ilusões e o retorno do conservadorismo. Dos primeiros e dos segundos sobrou apenas o império dos direitos. A era do indivíduo não precisa mais se abrigar sob a ideologia da libertação: o vocabulário liberal dos direitos subjetivos é suficiente.

De fato, os direitos individuais, na esteira e conforme o modelo muitas vezes infiel dos "direitos humanos", tornaram-se nosso único ideal, depois que perdemos a fé no Ideal. Pois a ideia de "direitos humanos" é a dupla negação de toda utopia política: porque se trata de "direitos" e porque se trata de "humanos".

Os direitos humanos contra as utopias políticas

Se vivemos juntos apenas porque temos direitos e para termos mais direitos, então não temos nenhum motivo para imaginar uma salvação comum: a salvação não está no comum, mas no próprio.

Por oposição ao Direito (em inglês, *Law*) que, impondo-se a todos de cima para baixo, normatiza objetivamente as relações entre cidadãos, há agora o império crescente dos direitos subjetivos (em inglês, *rights*) – reivindicações particulares que tentam impor-se a todos de baixo para cima. Esses direitos costumam ser descritos como sendo de dois tipos ou duas gerações. De um lado, há, ou houve em um primeiro momento depois da Revolução Francesa, o reconhecimento dos direitos-liberdades (direitos *de* fazer alguma coisa: ir e vir, associar-se, reunir-se, manifestar opiniões, praticar uma religião etc.); de outro lado, há, ou houve em um segundo momento depois da Segunda Guerra Mundial, os direitos sociais, os chamados direitos-créditos, os direitos ao benefício de certa prestação da parte de um poder público (direitos *a* alguma coisa: educação, saúde, trabalho etc.). Eles se fundamentam em dois sentidos opostos da ideia de direitos. Os direitos-liberdades definem um território de igual independência de todos e cada um com relação às ingerências do poder público; os direitos-créditos definem um horizonte de expectativa de todos e cada um com relação às ações desse mesmo poder público. De um lado, impedem o Estado de agir em certas esferas de ação dos indivíduos; de outro, obrigam o Estado a agir em certas esferas a favor dos indivíduos. No entanto, do ponto de vista da perda do ideal de uma salvação comum, estes e aqueles vão no mesmo sentido. Tornamo-nos duplamente liberais. Liberais porque apreciamos viver em uma sociedade de liberdade igual, assegurando por direitos negativos a esfera de autonomia de cada um de nós. Liberais porque, gostando ou não, vivemos em uma sociedade de mercado e esperamos ações do Estado que corrijam os efeitos das desigualdades econômica e social gerados por esse sistema. Queremos um Estado que nos faça menos desiguais e ao mesmo tempo garanta nossa independência dele e dos outros. A demanda preocupada de menos injustiça substituiu mais uma vez a vontade do Bem. Em todos os lugares do mundo onde essas duas condições da autonomia individual (liberdades fundamentais e prestações sociais) não são satisfeitas, os povos aspiram a elas. Em muitos casos, a Cidade ideal desses povos é semelhante à nossa pobre Cidade real, que, no entanto, não nos satisfaz. Não tentamos mais nos realizar *por* e *na* comunidade política e não aspiramos mais a nos fundir nela. O que esperamos do Estado é que nos permita viver sem ele.

É pelo fato de não acreditarmos mais no político que nossos sonhos tomam a forma lúcida e prosaica de demanda sem fim de novos direitos individuais. É pelo fato de não acreditarmos mais na Cidade justa, na Cidade e na Justiça, que multiplicamos os focos de reivindicação. Queremos não só mais direitos *de* (fazer) e mais direitos *a* (serviços), como queremos esses direitos a outros seres além de nós. Assim, há dois movimentos paralelos: de um lado, uma multiplicação de tipos de direitos (liberdades, mas sobretudo créditos); de outro, uma proliferação de detentores de direitos; em última instância, todo grupo de interesses real ou supostamente real é considerado um detentor de direitos. Em vez de ser outro nome para a igualdade de todos – o que eram originalmente –, os direitos se tornaram sinônimo de interesses particulares. Contra as desigualdades entre homens e mulheres, reivindicamos paradoxalmente os "direitos das mulheres"; contra os maus-tratos e a carência de educação, apelamos aos "direitos da criança"; contra as discriminações, defendemos os "direitos dos homossexuais"; contra a medicina invasiva, exigimos respeito aos "direitos dos doentes"; contra as falhas dos transportes públicos, reivindicamos o reconhecimento dos "direitos dos usuários" etc. O "direito ao trabalho" é invocado tanto pelo desempregado que exige do poder público que lhe dê emprego quanto pelo não grevista que exige acesso ao seu posto de trabalho, contrapondo-se aos piquetes. Exigimos do Estado que reconheça o direito dos fumantes de fumar e o dos não fumantes de não ser expostos à fumaça, o dos não crentes de blasfemar e o dos crentes de não ser ofendidos; queremos que o Estado conceda aos solteiros o direito aos filhos, e às crianças, o direito "a um papai e a uma mamãe". E, finalmente, onde antes se impunham deveres morais ou normas jurídicas, hoje surgem inesperados beneficiários putativos de novos direitos: as culturas autóctones, os animais, os robôs, a Natureza, a biosfera, a Terra-mãe etc. – de tal forma a palavra "direito" se tornou mobilizadora e coligadora de energias em torno de uma causa, graças à sua extraordinária ambiguidade (Vantagem? Habilitação? Permissão? Privilégio? Não ingerência? Poder? Reivindicação? Imunidade?).[3]

Tudo isso, no fundo, é prazeroso e marca a vitória (para nossa infelicidade, geograficamente parcial e socialmente frágil) da autonomia individual sobre a onipotência dos Estados, as sociedades fechadas, as culturas fusionais ou os integrismos religiosos. Mas incita muito pouco a utopia e, menos ainda, a revolução.

Os *humanos* dos direitos contra as utopias políticas

Os direitos subjetivos são direitos e, em primeiro lugar, dos homens. Mas os "homens" também não conseguiriam coligar muito bem as energias. Acreditamos cada vez menos na humanidade. As reivindicações proliferam porque são irredutivelmente singulares. Essa é a diferença que vale e importa. Como diz Marcel Gauchet: em oposição ao ideal democrático original (de Rousseau, por exemplo), em que se exigia de

> cada cidadão que se apropriasse do ponto de vista do conjunto a partir de seu próprio ponto de vista, na nova configuração que se desenha o que prevalece é a disjunção, e que cada um faça valer sua particularidade diante de uma instância do geral do qual não se pede em nenhum momento que ele abrace o ponto de vista.[4]

---

3 Para uma análise da ambiguidade jurídica da noção de "direitos", cf. Kervégan, Éléments d'une théorie institutionnelle des droits, *Klēsis-Revue Philosophique: Philosophie Analytique du Droit*, n.21, que se refere em especial à classificação quadripartite (*right, privilege, power, immunity*) de Hohfeld (*Fundamental Legal Conceptions as Applied in Judicial Reasoning*, p.36ss). Note-se que "cada tipo de direito corresponde a uma acepção específica da ideia de liberdade", mas nenhum corresponde à precipitada distinção de liberdades e créditos.
4 Gauchet, *La Religion dans la démocratie*, p.115.

O homem nunca aparece no horizonte de nossas mobilizações, porque está sufocado nas novas formas de fazer o nós.

É verdade que o homem, a humanidade, o humanismo nunca se deram bem com as utopias. Nem com as utopias literárias nem com as utopias em ação. As primeiras se apoiavam em certa concepção do ser humano: bom em si mesmo, mas vivendo em comunidades políticas que precisavam ser refundadas. As utopias em ação se apoiavam em uma visão geral da humanidade na história (raça contra raça, classe contra classe), mas a revolução que conduziria à libertação e à saída da história deveria ser realizada no interior de um país, de uma nação ou de um povo, mensageiro do destino de toda a humanidade.

Foi assim com o nazismo.

> O ariano é o Prometeu da humanidade [...]; ele sempre [...] mostrou ao homem o caminho que deveria percorrer para tornar-se o mestre dos outros seres vivos sobre a terra; se o fizessem desaparecer, uma escuridão profunda desceria sobre a terra, em alguns séculos a civilização humana acabaria e o mundo se tornaria um deserto (*Mein Kampf*).

É preciso acabar com o humanismo e o cosmopolitismo. E partir a história humana ao meio: ela sempre foi a história da luta da raça ariana contra seus inimigos, em particular contra a raça judia. É necessário recorrer a uma solução final: livrar a terra para sempre dos judeus para finalmente assegurar o triunfo da raça ariana: a Alemanha é a detentora desse papel predestinado.

Foi assim com o "socialismo real". Mais uma vez era necessário partir a história humana ao meio. Ela sempre foi a história da luta de classes: não pode mais haver classes. Desde sempre houve propriedade privada. Ela deve ser abolida. Mas o fim definitivo das classes e da propriedade deve passar primeiro pela exacerbação da luta de classes no interior de um país: o proletariado e o campesinato são herdeiros desse papel histórico.

Assim, na época em que o marxismo era considerado um horizonte intelectual intransponível, e a revolução proletária era vista como o horizonte intransponível desse horizonte, "o homem" do "humanismo" era desprezado porque supunha uma unidade de essência *além* das comunidades verdadeiras, definidas em si mesmas por um antagonismo fundamental: antagonismo interno das classes (exploradoras/exploradas), antagonismo externo dos povos (opressores/oprimidos) ou das culturas (dominantes/minoritárias) etc. Não se podia conceber uma causa comum à humanidade nem preparar ou defender uma revolução hipotética dos humanos. E, além do mais, contra quem e contra o quê? "Não vejo homem", dizia-se após Marx, "vejo apenas operários, burgueses, intelectuais." O homem não era a medida de todas as coisas, o verdadeiro padrão de medida era menor: por exemplo, os burgueses *ou* os proletários. A humanidade, ou melhor dizendo, a realidade da história definia-se em um nível inferior.

As utopias revolucionárias parecem ter abandonado o horizonte ideológico de nossa Modernidade. Em todo caso, as utopias políticas. Mas pode ser que nossa época ainda tenha o poder de conceber novas utopias. Pois não nos livramos delas tão facilmente. Expulsas pela porta da história, elas retornam pela janela da imaginação. Expulsas de nosso ideal político, serão pós-políticas.

Podemos vislumbrar essas novas utopias revolucionárias nos dois traços que definem o contemporâneo, através da ambiguidade da expressão "direitos humanos".

Negativamente, delineiam-se de forma indireta a partir das dúvidas sobre o que somos.

Positivamente, cumprem o que sabemos que somos: indivíduos.

Dúvidas

Toda utopia se apoia em um "nós". E todo nós precisa de narrativas para dizer quem somos e de ideais para dizer como nos tornamos o que somos. Nós também, portanto. Mas o problema é saber o que ele é, porque esses nós dispersos não formam mais uma comunidade, talvez nem mesmo uma coletividade. Nossos ideais contemporâneos deixam transparecer dúvidas. Não podemos mais nos definir por nossas comunidades de pertencimento:

elas são imprecisas; nem por uma identidade de raças: elas não existem; nem por identidades de culturas: elas são porosas; nem por identidades sociais: elas se tornaram insuficientes, as solidariedades de classe ruíram na era das reivindicações fragmentadas. Então quem somos nós coletivamente, nós titulares de direitos individuais? Seres humanos, já que existem direitos humanos? Mas por que seríamos os únicos a nos beneficiar de direitos? Por que não todas as mentes que pensam, logo os robôs também, ou todos os organismos que sentem, logo os animais sensíveis também?

Quem somos nós? Nós os homens, nós os viventes, nós os espíritos. A natureza humana não é uma velha quimera metafísica? Ou um preconceito religioso herdado do monoteísmo? Nós compartilhamos uma mesma essência: a da humanidade?

Isso desagrada ao que nos resta de progressismo. Dizer "a humanidade" é recusar-se a dizer os homens *ou* as mulheres, os ricos *ou* os pobres, os aproveitadores *ou* os abandonados. Dizer "o homem" é sufocar com o véu da ignorância a voz dos dominados ou dos explorados: as mulheres, as culturas minoritárias, os animais etc.

O que a Modernidade produziu de relativismo, apesar de herdado do velho humanismo, vai no mesmo sentido. Todo pretenso universal atribuído à humanidade em geral seria, no fundo, apenas a projeção dos valores particulares da cultura dominante. Os direitos humanos, por exemplo, seriam inseparáveis da cultura europeia do século XVIII, época em que surgiram (luta contra o absolutismo, filosofia do liberalismo, sonho de uma igualdade formal). Pior: todo pretenso universal seria apenas a tradução dos interesses particulares dos poderosos. Em resumo, a "humanidade" se batizou "civilização" para esconder a barbárie.

Essa desconfiança contra a humanidade tem um equivalente em todas as correntes filosóficas, culturais e artísticas marcadas pela "desconstrução" *da* metafísica. Seria conveniente nos livrarmos dessas categorias herdadas, violentas demais para serem honestas, e forçosamente totalitárias: "o Ser", "o Sujeito", "a Essência", "a Razão", "o Uno", "o Sentido", "a Arte" etc., que se entrecruzam na ideia de "Homem", a qual é sua resultante ou talvez sua última fonte. A diferença: é isso que importa.

Esse antiessencialismo parece poder ser justificado pela nova ciência rainha: a biologia. A biologia molecular contribuiu para a popularização da ideia de continuidade de todas as formas do vivente (especialmente de todos os animais, sejam humanos ou não) e a da continuidade do vivente e do inerte (especialmente do natural e do artificial, do orgânico e do informático).

Queremos reduzir a humanidade a uma espécie biológica? A biologia da evolução nos ensinou que nenhuma realidade viva é constante ou claramente determinada. A unicidade da espécie humana – o "gênero humano", como se dizia – estava ligada, na tradição religiosa, filosófica ou científica, a um pressuposto fixista: cada espécie viva era definida de uma vez por todas e hierarquizada – no topo, o homem. Hoje, querer confinar a espécie humana em uma definição é não admitir a indeterminação dinâmica das espécies e a precariedade das fronteiras que as separam: seria retornar a uma biologia pré-darwiniana. Deus não criou por toda a eternidade a essência do Cão ou do Macaco. O mesmo vale para o Homem. Como todas as outras espécies, ele não tem limites claramente definidos.

Mas o homem não desapareceu apenas da paisagem biológica: ele desapareceu até mesmo das ciências humanas, por influência do postulado naturalista das neurociências e do paradigma cognitivista. Porque a cognição não tem nada de especialmente humano: a percepção pode ser atribuída tanto aos robôs como aos guepardos, existe memória tanto nos elefantes quanto nos computadores, a inteligência é natural nos macacos e artificial no Google DeepMind, existe linguagem nas abelhas, no DNA e nos programas de computador etc. Segundo o postulado naturalista, não existe essência do homem porque a realidade humana está *além do homem*: no "espírito" em geral (the *mind*, e não *der Geist*), seja ele encarnado em seres vivos (animais) ou em seres artificiais (máquinas).

A "filosofia do espírito" que acompanha essa mudança de paradigma, portanto, não se concentra no humano, pois o espírito pode residir em qualquer suporte, seja orgânico (o cérebro de um ser vivo) ou informático (o processador de um computador). As fronteiras clássicas do humano, quer sejam as barreiras metafísicas (o Espírito oposto à Matéria, a alma oposta ao corpo), quer sejam as antigas linhas de demarcação antropológicas (a cultura oposta à natureza), ruíram. O humano é vago, entre o natural e o artificial. O homem é impreciso, entre o animal e a máquina. É a partir desse anti-humanismo que hoje se constroem os dois principais caminhos da utopia: o infra-humanista ou o supra-humanista. Como dois caminhos opostos. Porque desconhecendo quem somos, hesitamos sobre o que aspiramos a ser.

Os novos caminhos opostos da utopia: o homem entre deus e animal

Na Antiguidade, em particular em Aristóteles, os homens eram definidos por duas grandes oposições. Acima deles, havia os deuses; abaixo deles, havia os animais. O que os homens tinham em comum com um opunha-os ao outro; e o que os distinguia de um ligava-os ao outro. Os homens tinham em comum com os deuses o fato de serem racionais – o que os opunha aos animais, que não podem argumentar ou raciocinar. Mas os homens tinham em comum com os animais o fato de serem viventes mortais – o que os opunha aos deuses, que são viventes imortais. Havia, portanto, três tipos de viventes (*zôa*) ou, por assim dizer, três "faunas": os viventes imortais racionais, os viventes mortais irracionais e o homem, entre seus dois "Outros": nem irracional como os animais nem imortal como os deuses. Isso garantia a natureza humana. O homem está no centro do mundo, não no sentido de que é a espécie superior, mas no sentido de que sua natureza, por mais imperfeita que seja, está encerrada, e como que a meio caminho, entre duas outras naturezas perfeitas: o animal e o deus.[5] Sabíamos o que tínhamos de fazer, pois sabíamos o que somos. Mas porque sabíamos que não somos nem animais nem deuses, sabíamos também o que não podíamos fazer. Querer

---

5 Sobre esses pontos, tomamos a liberdade de remeter o leitor ao nosso estudo *L'animal et le dieu: deux modèles pour l'homme*. In: Wolff, *Penser Avec Les Anciens: un trésor pour toujours*.

subir ao céu dos deuses era pecar por *húbris*, pela "desmedida" daquele que quer ultrapassar seus limites naturais. Inversamente, tender a descer ao nível dos animais, abandonar sua faculdade racional, era cair na vergonhosa bestialidade. Hoje, porque não sabemos mais quem somos, nós, seres humanos, ora nos identificamos com os animais (liberais), ora com os deuses (libertarianos). Essas são as duas utopias de nossa Modernidade. Não utopias de quem imagina viver em *outro* lugar, mas utopias de quem imagina ser *outro*.

Não podemos mais pensar o que somos: seres humanos. Perdemos as duas referências que nos definiam: nossos limites superior e inferior. Como os outros animais, somos fruto da evolução natural e o que nos diferencia deles não é nem uma diferença absoluta nem uma oposição de natureza. Hoje sabemos que existe consciência na maioria dos animais superiores; que há modos de comunicação em muitas espécies sociais e de inteligência nos primatas; e que há modos de transmissão de conhecimentos culturais em certas espécies de chimpanzés etc.

Por outro lado, não acreditamos mais que o Céu seja habitado por deuses imortais. Para boa parte da Modernidade, o Céu é vazio: é o que chamamos de secularização do mundo; e para outra parte da Modernidade, para a qual Deus ainda é mestre absoluto, Ele é tão inconcebivelmente grande, tão elevado e tão distante de nós que não podemos mais nos definir em relação a Ele. Portanto, não há nenhuma distinção que nos separe dos animais, mas ao mesmo tempo há uma distância infinita que nos separa do além.

Surgem então as duas grandes utopias que hoje se contrapõem no horizonte humano. De um lado, a utopia pós-humanista é herdeira do ideal libertário do gozo; ela sonha como um novo "eu", mais poderoso do que jamais foi, e triunfante sobre sua própria animalidade e mortalidade. De outro lado, a utopia animalista é herdeira das grandes esperanças de libertação coletiva do século XX; ela sonha com um novo "nós", uma nova comunidade além da política, a comunidade de todos os animais sensíveis.

Sonhamos para o homem um futuro divino ou um destino animal.

Haveria lugar para uma utopia humanista entre essas duas utopias anti-humanistas? Ainda é possível sonhar para a humanidade um destino à sua medida? É muito tarde para uma nova utopia política ou ainda não é hora para uma utopia humanista, para a revolução cosmopolítica?

Seria possível deduzir *a priori* esses três ideais a partir de uma única certeza: nós nos tornamos indivíduos. Mas como seriam os programas revolucionários na era dos direitos subjetivos? Livrar-nos do Mal. Nós quem? Talvez você e eu. Ou os habitantes de uma nova Cidade pós-política.

O primeiro tipo de programa seria o de uma utopia libertariana: o Mal seria tudo que obstrui e limita a ação, o pensamento e a vida individuais: a doença, a velhice, a morte, em resumo: a animalidade. O direito seria o *privilégio* de viver melhor, viver mais, viver sempre. Eu tenho esse direito! Quem seríamos nós? Seríamos apenas, e para sempre, eus. Nossa ética seria na primeira pessoa: ser eu plenamente. Pós-humanismo.

Quanto ao segundo tipo de programa, das duas uma. Ou os habitantes da nova Cidade seriam de um gênero novo ou então a própria Cidade é que seria de um gênero novo.

No primeiro caso, os indivíduos não seriam mais humanos, pois a Cidade seria estendida a todos os seres sensíveis. O Mal seria o sofrimento ou a dominação. A Cidade ideal, a *Calípolis* de Platão, seria uma *Zoópolis*. Todos os seres sensíveis seriam detentores dos mesmos direitos, isto é, de imunidades. Quem seríamos nós? Seríamos animais sensíveis aos animais sensíveis. Nossa ética seria na segunda pessoa: compaixão, culpa. Animalismo.

No segundo caso, os indivíduos seriam humanos, pois a Cidade seria estendida a todos os homens. O Mal seria a guerra ou a condição de estrangeiro. A Cidade boa, a *Calípolis* de Platão, seria uma *Cosmópolis*. Todos os seres humanos seriam detentores dos mesmos direitos, isto é, de liberdades iguais. Quem seríamos nós? Seríamos a humanidade. Nossa ética seria na terceira pessoa: justiça. Cosmopolitismo.

– 1 –

ALÉM DO HUMANISMO: A UTOPIA PÓS-HUMANISTA

Como suas duas rivais, a utopia pós-humanista tem sua filosofia, seus pensadores, profetas, pesquisadores, militantes, sua visão da humanidade e ética. De nossas três utopias, ela é a que tem mais apoio econômico, financeiro e tecnológico, uma vez que seus objetivos fazem parte do programa das grandes empresas do Vale do Silício (Google, Apple, Calico etc.). Se definirmos o trans-humanismo pelo projeto de melhoramento infinito das capacidades físicas, intelectuais e morais dos seres humanos, graças à "convergência NBIC" (nanociências, biotecnologias, informática e ciências cognitivas),[1] a *utopia pós-humanista* será definida pela ideia de que esse melhoramento conduzirá à vitória sobre o envelhecimento biológico e a morte, portanto ao nascimento de uma nova espécie: os pós-humanos. Um dia, o homem não será mais nem

---

[1] Sobra a "convergência NBIC", cf. o relatório preliminar publicado em junho de 2002 pela National Science Foundation e pelo Department of Commerce, dos Estados Unidos, que há mais de quinze anos já oferecia um panorama completo do avanço dessas quatro tecnologias científicas para o futuro da humanidade. Disponível em: <http://www.wtec.org/ConvergingTechnologies/Report/NBIC_report.pdf>. Acesso em: 18 maio 2018.

mamífero nem animal. Ele se libertará de seu corpo deficiente e alcançará a imortalidade.

Do homem do Iluminismo ao novo homem da revolução pós-humanista

A filosofia trans-humanista repousa sobre certa representação da humanidade e de sua história, a mesma do humanismo iluminista.

RETRATO DE UM HOMEM COMO HERÓI

O homem é um herói triunfante. É um semideus que venceu a natureza graças à sua inteligência prometeica. Não existe um recanto sequer da Terra onde ele não tenha feito sua morada ou que não tenha sido transformado por ele. A natureza o desproveu, ele se proveu. Nasceu nu, sem couro, cascos ou pelos, e vestiu-se sozinho. Nasceu sem chifres, carapaça, garras ou presas, e armou-se por conta própria contra seus predadores. Nasceu sem abrigo e construiu habitações. Suas técnicas domaram rios, semearam as planícies, perfuraram a terra para extrair metais e energia. A natureza lhe foi pródiga em plantas e animais, e ele os domesticou: inventou novas espécies vegetais para se alimentar e se curar, e espécies animais adaptadas ao seu uso ou lazer. A natureza lhe enviou raios, ele inventou o fogo e o para-raios; ela o oprimiu com doenças, ele se proveu de remédios e vacinas. Ela lhe deu a dor para avisá-lo do perigo, ele inventou os analgésicos. Etc.

A CONSTATAÇÃO HUMANISTA

A filosofia trans-humanista que fundamenta a utopia pós-humanista apoia-se em um fato incontestável desde o século XIX: o progresso técnico e científico, especialmente biomédico, contribuiu para o prolongamento da vida e a melhoria das condições de existência do homem. A lista de invenções que devemos ao século passado é imensa: anestesia, vacinas, exames por imagem, radioterapia por raio X, sulfamidas, aspirina, penicilina, antibióticos, pílulas anticoncepcionais, quimioterapia, implante de órgãos etc. A morte infantil, que durante muito tempo foi o flagelo comum da vida humana, diminuiu consideravelmente no decorrer do século. Hoje, mesmo as crianças mais carentes da África subsaariana têm mais chances de sobreviver aos cinco primeiros anos de vida do que uma criança inglesa em 1918.[2] Lutar pelo melhoramento e prolongamento da vida humana sempre fez parte do programa iluminista.

Temos a forte sensação de que os progressos da medicina preventiva – que se tornaram mais eficazes com os progressos da razão e da ordem social – devem fazer desaparecer as doenças transmissíveis ou contagiosas e as doenças que têm origem no clima, nos alimentos e na natureza do trabalho. Não é difícil provar que essa esperança se estende a quase todas as outras doenças, cujas causas remotas, verossimilmente, saberemos reconhecer um dia. Será que é um absurdo supor que esse melhoramento da espécie humana será capaz de um progresso infinito, que chegará o dia em que a morte não será mais do que consequência de acidentes extraordinários ou da destruição cada vez mais lenta das forças vitais, e que a duração do período entre o nascimento e essa destruição não terá um fim assinalável?[3]

Essas intuições proféticas de Condorcet ganharam uma formulação atualizada no programa hedonista dos pós-humanistas: "*Living longer, healthier, smarter and happier*". Viver mais tempo, com mais saúde, com inteligência mais aguçada e emoções mais ricas: quem não se sentiria tentado por um programa desses? Em vez de melhorar a condição humana por meio da educação ou da cultura, como deseja o humanismo, ou apenas pela "medicina preventiva", como diz Condorcet (hoje diríamos "medicina terapêutica ou reparadora"), o que se quer é ampliar os limites através da genética e da informática.

---
2 Deaton, *The Great Escape*.
3 Condorcet, *Esquisse d'un tableau historique des progrès de l'esprit humain*, p.236-7.

REVOLUÇÃO ANTI-HUMANISTA

Mas a utopia pós-humanista não é isso. É algo muito diferente. Ela começa no ponto exato em que rompe com o humanismo do Iluminismo. Ela é sua conclusão, no duplo sentido do termo. É uma ideologia revolucionária. Podemos reconhecê-la pelo sintagma "desde sempre". "Desde sempre, o homem dependeu das limitações de sua condição natural. Doravante, dispõe dos meios técnicos para libertar-se delas. É preciso libertá-lo. Desde sempre, o homem foi um animal, e pode tornar-se um deus." A libertação não será econômica nem política: será técnica e individual.

Graças às nanociências e à informática, tornou-se possível libertar-se da animalidade do homem: nascimento, doenças, enfermidades, envelhecimento, morte. Se podemos, devemos. O homem pode se tornar um super-homem, se aceitar ser apenas uma máquina. Um ciborgue. Ele pode se tornar um deus, se levar a sério sua própria natureza maquinal. O "pós-humano" será, na verdade, uma espécie de "humano" cujas funções vitais, sensoriais e intelectuais não serão mais realizadas por simples e rudimentares órgãos naturais, mas por próteses de rendimento ilimitado, que permitirão a aquisição de novas aptidões e, portanto, a expansão do campo das liberdades de ação individual, sem as restrições da curta duração da vida, das doenças, da degeneração de órgãos e tecidos, do número restrito de sentidos e das capacidades limitadas da memória e da inteligência.

Essa utopia pode se realizar graças ao cruzamento de duas profecias autorrealizadoras: a humanização da máquina e a maquinização do humano.

A HUMANIZAÇÃO DA MÁQUINA

Quer se queira ou não, dizem os tecnoprofetas, a capacidade de inteligência artificial das máquinas não para de crescer. Apoiados na aceleração contínua da velocidade de cálculo dos semicondutores – a chamada conjectura de Moore – e na extrapolação dos progressos da robótica, da biologia de síntese e das formas de vida artificiais, podemos calcular o momento em que as máquinas desbancarão a humanidade. Trata-se da Singularidade, cujo conceito foi popularizado por Ray Kurzweil: indica o momento (2045?) em que as máquinas serão capazes de se reprogramar sozinhas e aumentar suas capacidades ao infinito, escapando do controle daqueles (aprendizes de feiticeiro) que as conceberam. O homem, com seus bilhões de neurônios, não será mais do que um aluno de ensino básico diante do computador, comparável a uma medusa (oitocentos neurônios) diante do cérebro humano. Devemos aguardar com esperança o dia em que os robôs tomarão o controle de nossa existência, ou devemos temê-lo, como temia o astrofísico Stephen Hawking, que em 2014[4] se preocupava com os riscos do desenvolvimento ilimitado da inteligência artificial? De todo modo, desde já devemos conceder direitos aos robôs, como concedemos a qualquer indivíduo dotado de personalidade autônoma e a todos os cidadãos de nossa República liberal e universal.

A MAQUINIZAÇÃO DO HUMANO

A utopia implica que a medicina pare de ser reparadora ou terapêutica e se torne desenvolvedora e melhorativa (*enhancement*).

O critério tradicional da medicina era a saúde: adquiri-la, conservá-la ou recuperá-la. A saúde é um dos raros conceitos que são ao mesmo tempo normativos e descritivos. Comumente, eles são uma coisa ou outra. Conceitos como "grande" ou "rápido" dizem como são as coisas, mas não dizem como elas devem ser, como faz o conceito de "belo" ou "bem". Mas a saúde de um ser vivo permite definir o que ele deve ser e o que ele é. Desde a filosofia e a

---

[4] Entrevista concedida à BBC: "As formas primitivas de inteligência artificial que já temos se mostraram muito úteis. Mas acho que o desenvolvimento de uma inteligência artificial completa poderia acabar com a humanidade [...] Depois que os homens tivessem desenvolvido a inteligência artificial, ela decolaria sozinha e se redefiniria cada vez mais rápido. [...] Os seres humanos, limitados pela lentidão da evolução biológica, não poderiam rivalizar com ela e seriam ultrapassados". Cf. a entrevista completa disponível em: <http://www.bbc.com/news/technology-30299992>. Acesso em: 18 maio 2018.

medicina gregas, estar com (boa) saúde, para o ser humano, não é apenas não estar doente, não ter dor, não se sentir mal, ou simplesmente se sentir "bem", mas é estar total e perfeitamente tudo que ele pode ser: poder ver, ouvir, sentir, andar, correr, copular, amar, falar, raciocinar etc., como um ser humano na força da idade. Não é ter o olfato dos cães, a visão do falcão ou a capacidade de cálculo dos computadores; é ter as capacidades de um ser humano no momento em que elas se encontram em sua plenitude. Logo, a reparação das enfermidades naturais ou acidentais por próteses, os remédios contra os efeitos do envelhecimento dos órgãos ou o enfraquecimento das faculdades também fazem parte dos objetivos tradicionais da medicina.

Mas as próteses em questão no trans-humanismo e, portanto, na utopia pós-humanista não são as que permitem aos surdos ouvir, aos cegos enxergar e aos paralíticos andar: estas, no fundo, são apenas a continuação natural dos óculos com lentes corretivas, que surgiram em Veneza no século XVIII, ou das cornetas acústicas, que datam do século XVII francês, ou das bengalas, que são imemoriais. A utopia começa a partir do momento que se quer *melhorar* as funções naturais, e não corrigir as disfunções causadas pela idade ou pelas deficiências. Não se trata mais de mais restaurar os sentidos cansados ou defeituosos, ou revigorar as capacidades físicas, mentais, psicológicas ou morais, e sim multiplicar o desempenho por dez. Abolir as limitações da condição humana; reivindicar a "liberdade morfológica", o direito ilimitado aos implantes de órgãos artificiais e às modificações genéticas. Segundo Aubrey de Grey, que dirige a Fundação Methuselah (instituto de gerontologia de Mountain View, na Califórnia), o corpo humano é como um carro do qual basta trocar as peças para conservá-lo indefinidamente. A vida, na verdade, é apenas uma questão de manutenção. O homem não terá mais necessidade de realizar nenhuma de suas funções animais. Nascimento? Graças às perspectivas abertas pela clonagem e pela ectogênese – isto é, a procriação completa de um ser humano em um útero artificial –, será o fim do nascimento. Doenças? Graças às biotecnologias e à nanomedicina, será o fim das doenças. Morte? Graças às técnicas de *uploading* – isto é, ao armazenamento da consciência em materiais inalteráveis, dos quais o *chip* de silício é apenas uma prefiguração –, será o fim da morte. A expressão "morte natural" não terá mais nenhum sentido.

Contexto

A filosofia trans-humanista está ligada circunstancialmente ao formidável progresso das biotecnologias (genômica, engenharia genética, transgênese[5] etc.) ocorrido na Califórnia nos anos 1980. Mas o desenvolvimento da utopia ocorreu no contexto intelectual da Modernidade descrito na Introdução deste livro. Podemos caracterizá-lo por cinco traços.

Esse meio é herdeiro da contracultura libertária dos anos 1970, que foi marcada pelo triunfo do hedonismo ("viver sem tempo morto, gozar sem obstáculos") e pelo império dos direitos individuais ("é proibido proibir"). Depois de atravessar a filosofia libertária, a ideologia liberal da nova economia biotecnológica tornou-se libertariana.[6]

Trata-se de um meio intelectual ateu. Isso implica a remoção das grandes interdições tradicionais que pesam sobre a vida humana (eugenismo, aborto, manipulações genéticas etc.), o fim da crença na unicidade da humanidade no centro da "Criação" (o homem não é mais concebido como "um império em um império", e sim como "um animal igual aos outros"), a ruína da fé na imortalidade da alma e na possibilidade da salvação ou danação eternas:

---

[5] Implantação de genes em um organismo vivo. Assim transformado, ele se torna um organismo geneticamente modificado (OGM).

[6] Lembramos que o "libertarismo" (ou "libertarianismo") é uma filosofia política baseada na redução do Estado a suas funções soberanas (justiça, polícia) e, portanto, à proteção dos direitos absolutos do indivíduo (liberdade e propriedade sobre si mesmo e seus objetos), seja no plano econômico, social ou moral. O teórico mais conhecido do "libertarismo" é Robert Nozick (*Anarchie, État et utopie*). Essa tendência política tem pouca representação na Europa, onde os campeões do liberalismo econômico costumam defender o papel regulatório do Estado em matéria de costumes (consumo de drogas, uso do corpo, prostituição, eutanásia etc.), enquanto os defensores de certa permissividade no campo dos costumes tendem a ser a favor do intervencionismo econômico do Estado e de seu papel redistribuidor na questão social.

a danação é neste mundo, é o envelhecimento inelutável; e é na Terra que temos de nos salvar e nos tornar imortais.

Essa utopia nasce no momento em que a biologia destrona a física como ciência predominante. O século XX foi o século da física (relatividade geral, mecânica quântica), cujas teorias estavam ligadas a grandes medos (em especial o da bomba atômica); o século XXI será o da biologia molecular, da biologia genética e da biologia evolucionista, cujas teorias estão ligadas a certos medos (manipulações genéticas) e a grandes esperanças (engenharia genética) que elas suscitam nas ciências médicas.

Do ponto de vista metafísico, a utopia repousa sobre um monismo materialista (a natureza é feita de uma única substância) e, do ponto de vista epistemológico, ela se fundamenta em uma concepção mecanicista da vida: as propriedades do vivente são redutíveis às propriedades de seus materiais.

Trans-humanismo e pós-humanismo pressupõem, portanto, uma tripla redução conceitual: das próprias da humanidade (consciência, inteligência, linguagem) à animalidade; da animalidade ao biótico (biotecnologias); e do biótico ao mecânico. Inversamente, essa redução implica uma tripla possibilidade de construtivismo tecnológico: pode-se criar um vivente a partir do mecânico; pode-se criar a animalidade a partir do biótico; e simular o humano pela informática (linguagem), pela inteligência artificial (inteligência) e pelas neurociências (consciência). Por indução, também se pode empreender uma quarta construção, a fábrica tecnológica do trans-humano (melhoramento do humano) e do pós-humano (superação do humano). CQD.

Dúvidas

No entanto, temos várias razões filosóficas para duvidar que um dia o homem perderá o controle sobre as máquinas ou que o computador poderá substituir o cérebro.

Essas crenças se baseiam na ideia de que o funcionamento do espírito humano pode ser explicado como o cérebro de um computador: por um conjunto de algoritmos. Portanto, poderia ser replicado na forma informática. Mas não é o caso. Representamos o pensamento e o corpo como totalmente separados. Contudo, existe um abismo entre o homem e a máquina que é devido, justamente, à animalidade do homem. Descartes já dizia: a alma não se encontra em seu corpo como um piloto em seu navio. Eu não possuo um corpo como possuo um carro; meu espírito e meu corpo formam um todo indecomponível. Quando meu corpo sofre uma lesão, não a constato com se constata de fora uma avaria em um carro: eu sinto dor. Sou *eu* que sofro, não meu corpo estranho. É concebível e tecnicamente realizável fabricar uma máquina tão inteligente que seja capaz de vencer o campeão mundial de *go*.[7] Mas é tecnicamente irrealizável e até mesmo inconcebível fabricar uma máquina que tenha dor de dente. Os cálculos mais difíceis prescindem da consciência, porque prescindem do corpo, mas não a dor de dente, a náusea ou o sentimento de humilhação. A encarnação do pensamento em um corpo manifesta-se em estados de consciência considerados inferiores: dor, prazer, emoções. Nossa inteligência não é uma aptidão ao cálculo, mas uma inteligência da situação. Nossa razão não é uma capacidade lógica, mas uma disposição dialógica que se forma na relação com o outro. Portanto, somos "racionais" porque somos animais vivos. Somos, talvez, "animais iguais aos outros", mas é por isso que não somos máquinas: nossa humanidade é uma função de nossa animalidade, que, por sua vez, é um conjunto de funções da vida e do vivente enquanto tal.

Sem dúvida, é possível conceber um computador que reaja externamente como um animal que sente dor de dente, náusea ou vergonha, mas isso não *o* afetará. O mesmo pode ser dito de uma função mais "elevada" do computador, considerada sua função por excelência: a linguagem. Ora, apesar do que parece, um computador não "compreende" nada do que dizemos a "ele". Imagine um "quarto chinês", explica John Searle.[8] Dentro dele,

---

[7] Jogo de tabuleiro de origem chinesa cujo objetivo é ocupar o maior número de casas possível. É um jogo que exige grande capacidade de estrátegia. É muito popular nas Coreias, na China e no Japão. (N. T.)

[8] Searle, Esprits, cerveaux et programmes. In: Hofstadter; Dennett, *Vues de l'esprit*, p.354-73.

uma pessoa que não sabe chinês aplica mecanicamente as regras da sintaxe chinesa para responder às frases que lhe são comunicadas. Ela parece "conversar" nessa língua, mas não compreende o sentido das palavras que está empregando, como uma criança que ri da piada dos adultos apenas para imitá-los. O mesmo acontece com as respostas "inteligentes" de um computador. Olhando de fora, ficamos embasbacados, porque temos a impressão de que o computador compreende o que dizemos a ele. Mas, na verdade, ele aplica regras – suficientes para jogar xadrez, mas não para falar realmente.

Nunca pensaremos como um computador, que faz cálculos infinitamente melhor do que nós, mas não pensa. Provavelmente um robô nunca terá consciência. Somos feitos de carne e osso, e nossos processos cognitivos são encarnados em um corpo nascido de um corpo de mulher, que um dia morrerá, um corpo vivo que deseja viver e tem medo de morrer, que interage com o outro e com seu ambiente social. A consciência dos animais é fruto da evolução natural e é, em cada homem, a causa e o efeito de sua própria história. Ela não se reduz a suas funções. É possível conceber uma matéria que realize perfeitamente todas as funções que atribuímos à consciência (vigília, percepção, memória, autocontrole etc.) e não tenha estados mentais. Ela seria análoga a um zumbi, a quem "nada afeta". Aquilo que denominamos consciência fenomenal (*consciousness*) é o que permite a um organismo sentir, em primeira pessoa, seus próprios estados. Ora, todas as funções atribuídas à consciência poderiam ser realizadas por um robô sem nenhuma experiência fenomenal, isto é, que não sente nenhum de seus estados qualitativos: nem prazer, nem dor, nem o gosto da cereja, nem o som do violino. Em outras palavras, a consciência animal é caracterizada não por aquilo que ela *faz* como uma máquina, mas por aquilo que ela *sente*. E a consciência humana é caracterizada, além do mais, pelo fato de que ela sente em primeira pessoa, uma pessoa que pode dizer e pensar "eu". Essa consciência é triplamente situada: em mim, isto é, na consciência de que eu sou e permaneço alguma coisa ou alguém; na relação permanente com as outras consciências que me constituem e me modificam incessantemente – e de onde deriva a consciência de que eu sou alguém para os outros; e em uma relação continuamente adaptada ao contexto. O pensamento não existe *sem* o cérebro; no entanto, não está *no* cérebro: ele é uma relação com o mundo. Logo, as máquinas provavelmente nunca se humanizarão.

Uma ética da primeira pessoa

Como toda utopia, o pós-humanismo tem uma pretensão liberatória. Os progressos da medicina melhorativa, combinados com um programa político contrário às regulamentações liberticidas dos Estados, possibilitarão a revolução libertariana:[9] esta permitirá aos que desejarem, e sobretudo aos que puderem, libertar-se dos limites naturais da humanidade. Adeus, animal biológico e animal político! Os pós-humanistas não sonham com uma salvação comum, mas com a salvação do cada um por si. Não se preocupam nem com a comunidade política, nem com a comunidade moral dos humanos, nem com qualquer outra comunidade, ainda que animal. A utopia se interessa apenas pelo poder dos poderosos e sonha em aumentar ao infinito esse poder.

Portanto, expõe-se a uma crítica moralista evidente. O acesso de alguns privilegiados a aptidões sobre-humanas, ou mesmo à eterna juventude, apenas faria crescer as desigualdades tanto em escala global como em escala local, e com elas um sentimento de injustiça e um ressentimento profundo: as atuais desigualdades, que já são consideráveis entre classes e países, tornar-se-ão progressivamente diferenças de "raças" (de um lado, os super-homens, belos, saudáveis, jovens, poderosos, inteligentes etc.; de outro, os sub-homens disformes, doentes, velhos, abandonados), ou mesmo entre "espécies" (os semideuses dominadores e os animais humanos submissos).

---

9 A filosofia libertariana é a corrente política dominante do trans-humanismo e do pós-humanismo. Alguns trans-humanistas marginais, em especial os europeus, não são libertarianos, mas sociais-democratas, como o belga Gilbert Hottois.

Essa crítica é legítima, mas não faz justiça ao ponto de vista interno dessa ética, que é uma ética do bem humano. Como uma moral antiga, ela se indaga sobre o que é capaz de nos realizar, nós humanos. Como uma moral antiga, quer nossa felicidade. Do mesmo modo que a moral de Epicuro, por exemplo, ela não se pergunta sobre nossos deveres *vis-à-vis* à sociedade, nem nos incentiva a fazer o bem ao próximo ou cultivar nossas virtudes altruístas, porque é uma ética "da primeira pessoa". Ora, é verdade que todos nós procuramos evitar o sofrimento, tememos a degeneração da velhice e desejamos retardar nossa morte o máximo possível. E se fosse possível satisfazer nosso desejo, todos ou cada um, por que recusar esse possível? Aspiramos a nos divinizar tanto quanto possível, como já sabiam Platão e Aristóteles.[10] Muito bem. Então por que nos recusar isso?

ÉTICAS DA PRIMEIRA PESSOA, DA SEGUNDA PESSOA, DA TERCEIRA PESSOA

Devemos distinguir as éticas conforme a posição do bem pretendido por aquele que age. Há três posições possíveis. Podemos agir visando ao nosso próprio bem (ou com o intuito de diminuir nossos próprios males) e, nesse caso, somos ao mesmo tempo agentes e beneficiários da ação. Essa é uma ética da primeira pessoa. Podemos agir visando ao bem de alguém (você, vocês), ou com o intuito de aliviar seus males, sofrimentos e misérias, e, nesse caso, somos agentes morais, mas o beneficiário é o outro, é um paciente moral. A distinção entre os "agentes morais" e os "pacientes morais" é uma particularidade das éticas de segunda pessoa. Por exemplo, as éticas do cuidado (*care* e *cure*) ou da educação definem o quadro deontológico da ação médica, professoral ou parental. Elas têm uma finalidade bem determinada: a cura do paciente, a autonomia da criança etc. Por último, podemos agir

---

[10] "Tornar-se semelhante à divindade" é um tema constante em Platão (*Teeteto*, 176a-b; *República*, VI, 500c-d; *Fédon*, 79d-e, *Timeu*, 90b-c) e Aristóteles (*Ética a Nicômaco*, X, 7, 1177b25-1178a8).

visando ao bem de terceiros (eles, elas) ou de uma comunidade com a qual não estamos envolvidos (ou na qual ocupamos a mesma posição que qualquer um); nesse caso, os beneficiários são outros indivíduos (como é a deontologia do juiz) ou a comunidade em seu conjunto (como deveria ser a deontologia do político). Essas éticas são de terceira pessoa (por exemplo, a da justiça) e pressupõem uma posição de imparcialidade ou neutralidade.

Em uma ética da primeira pessoa, queremos nosso próprio bem, visamos ao nosso desenvolvimento e felicidade. Esse objetivo pode ser egoísta, mas não necessariamente: por exemplo, podemos achar que nosso maior bem é forçosamente idêntico ao bem de todo homem e, portanto, só seremos completamente felizes em uma Cidade feliz; ou que só nos sentiremos realizados na companhia de amigos que se sintam felizes ou que ajam de maneira "correta" etc. Essas éticas são, em sua maioria, éticas antigas. De todo modo, uma ética da primeira pessoa não tem a finalidade de ser justa (como uma ética da terceira pessoa) ou generosa (como uma ética da segunda pessoa), ainda que práticas justas ou comportamentos generosos contribuam para alcançarmos o objetivo que consideramos o mais elevado: nosso próprio Bem.

O QUE REALMENTE QUEREMOS?

Ser um deus é uma situação invejável... se você é um deus. Isso tem duas vantagens: você é autárquico (basta a si mesmo) e imortal (não tem nada a temer). Mas ser um deus traz pouca satisfação... se você é um homem. Isso tem dois inconvenientes: você é autárquico (está sozinho) e imortal (não tem nada a desejar).

É impossível imaginar que o futuro durará eternamente apenas por nós mesmos. Pois, supondo-se que nós (e nossa família) sejamos um desses privilegiados que podem se proteger das doenças e da velhice, veríamos desaparecer progressivamente nossas redes de sociabilidade, veríamos morrer todos os seres que conhecemos e que não podem arcar com um banho de juventude, perderíamos sucessivamente nossos amigos, colegas de trabalho, conhecidos, concidadãos etc. Isso é um futuro invejável? Mesmo o libertário que se diz misantropo, mesmo o libertariano que se diz um animal apolítico, querendo ou não, continua sendo um animal social. Porque nem a engenharia genética nem a inteligência aumentada conseguem mudar isso. Podemos ser apenas um amontoado de aminoácidos, mas vivemos relações socializadas. Embora sejam animais sociais, um dia os homens poderão romper com sua animalidade, mas nem por isso romperão com sua socialidade. Logo, uma utopia individualista é contraditória.

Epicuro acreditava que a sabedoria consiste em ser "*como* um deus entre os homens". A sabedoria do pós-humanista é *quase* igual: consiste em *ser* um deus entre os homens. (Esse "quase" faz toda a diferença.) A maioria das morais antigas, e especialmente a epicurista, definia o Bem humano por um modelo médico; a felicidade é para a alma o que a saúde é para o corpo: um estado de equilíbrio e um ponto de perfeição que podem ser alcançados por uma dietética das necessidades e uma terapêutica das paixões – isto é, satisfazendo todos os nossos desejos (o que só é possível se forem modestos) e apaziguando todos os nossos temores (o que só é possível se nos libertarmos do medo da morte – que para nós é o *nada*). Vale *quase* o mesmo para a ética pós-humanista. Mas, por esse "quase", a utopia subverte totalmente os valores da sabedoria antiga e transgride todas as normas da saúde. Para um médico ou filósofo antigo, ao que visa a medicina trans-humanista não merece ser chamado de saúde: para eles é doença. E o objetivo da utopia pós-humanista não é sabedoria, mas loucura. Pois a utopia pós-humanista não visa sentir, ver, ouvir, andar, correr, copular, emocionar-se, amar, falar ou raciocinar da *melhor maneira possível*, em conformidade com a plena realização da natureza humana, mas, ao contrário, sentir, ver, ouvir e raciocinar *melhor*, muito melhor; em suma, ela visa viver *mais*, muito mais, infinitamente mais do que qualquer ser humano.

Ora, para um sábio da Antiguidade, isso é loucura por duas razões correlacionadas: tudo o que leva um ser a ultrapassar seus limites *naturais é um* mal – isso é uma regra óbvia tanto para

Aristóteles como para Epicuro:[11] do mesmo modo que a saúde é um conceito descritivo *e* normativo, a natureza de um ser é seu ser *e* seu bem, o que ele é e o que ele deve ser. Não há nada melhor para um homem do que ser plenamente homem. Mas sabemos que os pós-humanistas não reconhecem uma *natureza* humana e definem o homem por sua capacidade de transgredir os limites que parecem impostos pela natureza. Sobre esse ponto, o homem moderno poderia dar razão a eles e admitir, contra os antigos, que não existe nenhum motivo para definir *a priori* a natureza humana e seus limites.

Contudo, há outra razão contra a loucura do "cada vez mais" – que também é apresentada pelos filósofos antigos e não há como afirmar que eles estavam errados. Ela está ligada à pergunta: até onde? Você quer *mais* (inteligência, vida etc.), mas nunca terá o suficiente. Você nunca será *suficientemente* inteligente, ou nunca viverá tempo *suficiente*, porque você sempre poderá mais. Portanto, você nunca estará satisfeito. É como se você quisesse ser rico, mas nunca será porque sempre poderá ser mais. Você pode estar ao abrigo das necessidades, porque isso é um fim em si. Ou ao abrigo do medo da morte, que também é um fim em si. Mas o desejo de viver indefinidamente não é solução. Ao contrário. Você tenta atingir um estado, mas atingirá apenas o movimento – dito de outro modo, o desejo. Isso é felicidade? Não, mas é a vida.

Ninguém quer morrer. A morte, isto é, o fim da vida, parece um grande mal. E é, provavelmente, na segunda pessoa: "Se você morrer!". E pode ser na terceira pessoa: há tantas mortes horríveis ou injustas. Mas e na primeira pessoa do futuro? Pensamos: "E se eu morrer amanhã? Não, eu não vou morrer amanhã, tenho ainda tantas coisas para fazer, tantos momentos para viver, tantos amigos ou pessoas próximas para amar. Depois de amanhã? Mês que vem? Muito cedo". É sempre muito cedo, como diz o velho da fábula. Não queremos morrer porque temos a sensação de que nos falta ainda e sempre alguma coisa para viver. Essa é a própria

---

11 Cf., por exemplo, Aristóteles deduzindo o bem do homem a partir de sua natureza em *Ética a Nicômaco*, I, 6; ou Lucrécio, *Da natureza*, I, 670-1, I, 792-93, II, 753-4, III, 519-20.

estrutura do desejo humano. E é o desejo que nos faz viver, que nos mantém vivos. O desejo se regenera, por isso temos medo de morrer. Lucrécio tenta lutar contra esse medo com um argumento racional aparentemente incontestável: não há mais razões para temer o nada da morte do que o nada anterior ao nosso nascimento. O argumento é perfeito, mas inoperante. É correto, mas não podemos *acreditar* nele, em consequência da estrutura assimétrica do medo ou do desejo, que estão relacionados ao futuro e à sua incerteza. O medo de morrer é apenas o outro lado de um desejo que, por ser desejo de viver, isto é, desejo de desejar, não tem fim. Temos medo de morrer antes de terminar de viver – sem conseguir *acreditar* que morrer é apenas terminar de viver. Mas a vida se alimenta desse desejo sem fim. Sempre desejamos viver, porque vivemos desse desejo.

Logicamente, "sempre desejar viver" parece equivalente a "desejar viver sempre". No entanto, não é o caso: as duas formulações não são equivalentes no que diz respeito ao nosso desejo; pois sempre desejamos viver, mas nem por isso desejamos viver sempre.

Logicamente, "não desejar morrer" parece equivalente a "desejar não morrer". No entanto, não é o caso: as duas formulações não são equivalentes no que diz respeito ao nosso desejo; pois não desejamos morrer, mas nem por isso não desejamos *não morrer*.

Na verdade, nosso desejo humano é contraditório. Acreditamos espontaneamente que a imortalidade significa apenas evitar a morte. Ou melhor, que é uma morte adiada: mais tarde, sempre mais tarde! Todavia, esse "mais tarde" não significa "jamais". Pois se a vida, mesmo próspera, se prolongasse sem jamais chegar ao fim, ela deixaria de ter sentido. O que temeríamos, se não houvesse a morte? E o que desejaríamos, se nosso tempo não fosse contado? Saberíamos previamente que, na eternidade, necessariamente *tudo* nos aconteceria em algum momento. De que adiantaria desejar? Não teríamos necessidades, porque o corpo seria eterno e nunca estaria ameaçado. Não nos faltaria nada. Sem desejar, de que adiantaria viver? Com que objetivo? Estaríamos sempre satisfeitos, realizados; seríamos sempre autárquicos, plenos de nós mesmos, sem necessidade de nada nem de ninguém, sem amigos, sem razão de viver. Abúlicos. Seríamos indiferentes a tudo. É assim que os homens vivem?

Decididamente, a vida dos deuses imortais não é digna de inveja para os seres humanos. E a utopia pós-humanista, que parece concretizar o velho sonho da condição humana, talvez seja um pesadelo.

Programa humanista para o melhoramento infinito do humano

Mas alguns pontos desse sonho podem ser mantidos. Desde que entrem nos trilhos e nos limites humanistas. Desde que se recupere o projeto progressista do Iluminismo, no que havia nele de emancipador para a humanidade. Desde que se coloque em terceira pessoa a ética na primeira pessoa da utopia pós-humanista. Pois essa utopia progressista poderia ser *justa*, se fosse destinada à humanidade e não a alguns seres humanos. Sim, o progresso científico e técnico, especialmente o biomédico, contribuiu para o prolongamento da existência e deveria continuar a melhorar as condições da vida humana. Sim, a varíola foi derrotada. A aids, a tuberculose, a malária e a meningite podem ser erradicadas, e em todos os cantos do mundo os cegos poderão enxergar e os paralíticos poderão andar.

Podemos, devemos, visar à imortalidade? É claro que sim. Mas não a imortalidade dos animais humanos, e sim a da humanidade como tal. Perguntamos: por que nos apegamos ao futuro da humanidade e não ao seu passado? Afinal, o fato de que não existirão seres humanos futuros não deveria nos comover mais do que o fato de que não existiram seres humanos passados. O argumento se inverte: não é assim que vivem os homens. Segundo a estrutura assimétrica do desejo, temos medo de morrer amanhã, apesar de não termos medo de não ter vivido ontem. O que vale para o nosso futuro de indivíduo vale para o futuro de nossa comunidade moral. É como se continuássemos existindo na humanidade futura. Nós nos reconhecemos em nossos filhos, que prolongam o que somos, o que fomos e o que nunca seremos.

E eles, por sua vez, realizarão seu desejo de imortalidade, o nosso e o da humanidade como tal, através de seus filhos e netos em toda a sequência de gerações. Assim, esse desejo, registrado em nós em primeira pessoa como uma ilusão enganadora, torna-se realizável em terceira pessoa: ele pode se tornar até mesmo uma razão de viver, posto que é a realização do desejo sem fim de desejar.

Mas não é só. Por que esse desejo de imortalidade se torna *justo* na terceira pessoa, quando se torna desejo de imortalidade da humanidade? Por outra razão – que não é mais a assimetria do desejo, mas a da responsabilidade. Não depende de nós, isto é, da humanidade que formamos no presente, que tenha existido humanidade no passado, mas depende de nós que exista humanidade no futuro.[12] Kant definia a humanidade como "a *totalidade* de uma descendência de gerações estendendo-se ao infinito (no indeterminável)".[13] Nossa comunidade moral não se estende somente no espaço, a todos com os quais poderíamos estar em relação simétrica; ela se estende no futuro a todos cuja existência depende de nossa ação e com os quais estamos em relação assimétrica. É contingente e não dependeu de nós termos nascido brancos ou negros, aqui e não lá, agora ou depois. E uma vez que toda discriminação baseada no nascimento é injusta, seria injusto que os que viverem depois de nós padeçam por viver depois de nós. Portanto, nosso desejo de imortalidade é, em terceira pessoa, a correta projeção no tempo de nossa ligação com a comunidade moral humana universal.

Devemos morrer, e não há nada nisso que deva nos aterrorizar. Mas a humanidade não deve morrer, e há algo nisso que deve mobilizar o que nos resta de esperança.

---

[12] Esse é o grande tema do livro de Jonas, *Le Principe de responsabilité: une éthique pour la civilisation technologique*.

[13] Kant, Compte-rendu de l'ouvrage de Herder: idées pour une philosophie de l'histoire de l'humanité (1785). In: _____. *Opuscules sur l'histoire*, p.121.

– 2 –

AQUÉM DO HUMANISMO: A UTOPIA ANIMALISTA

Como suas duas rivais, a utopia animalista tem sua filosofia (diversa), seus pensadores (discordantes), sua visão da humanidade (passada e futura) e sua ética. O que a distingue é a força crescente de seu militantismo, apoiado por grandes organizações internacionais (Peta). Das três, é também a que suscita menos críticas, às vezes impaciência ou ironia, mas nunca condenação. Ao contrário do pós-humanismo, é apoiada por movimentos de massa (veganismo) e grupos de vanguarda violentos (Animal Liberation Front) ou que recorrem a meios no limite da legalidade (L214, na França). Em oposição às mobilizações em defesa do "bem-estar animal" (*welfarismo*), com as quais ela costuma ser confundida, a utopia animalista ou abolicionista (empregaremos indiferentemente os dois termos) define-se pela ideia de que é preciso "libertar" os animais; a humanidade do futuro não utilizará mais os animais ou os produtos derivados deles para satisfazer suas necessidades, desejos ou caprichos. Um dia, não haverá mais animais de estimação ou animais domésticos. Um dia, o homem romperá com seu passado predador. Libertando as outras espécies, ele libertará a si mesmo.

A revolução animalista parece o antípoda da revolução pós--humanista. Esta é antropocentrada, aquela é zoocentrada. Esta é individualista, ou até egoísta, aquela é generosa, ou até imensamente "altruísta" – posto que as fronteiras com o "outro" são distantes e indefinidas. Esta pretende elevar a potência do homem ao Céu, aquela deseja pôr abaixo sua vontade de potência. Esta faz do homem um deus (não sem paradoxo: a elevação ocorre pela técnica – propriamente humana), aquela o reduz à sua animalidade (não sem paradoxo: o nivelamento ocorre pela ética – propriamente humana).

Mas as coisas não são simples e essas duas utopias opostas compartilham, em sua própria simetria, inúmeros pontos em comum.

Do homem do Iluminismo ao novo homem da revolução animalista

A filosofia animalista repousa, em primeiro lugar, sobre certa representação da humanidade e de sua história, à primeira vista a mesma do humanismo do Iluminismo, e praticamente a mesma do trans-humanismo. Contudo, as mesmas características consideradas de forma positiva por um são vistas de forma negativa pelo outro.

RETRATO DO HOMEM COMO CARRASCO

A utopia trans-humanista vê o homem como um herói triunfante. O animalista não gosta dos heróis, muito menos dos triunfantes. Ele mantém a imagem, mas muda o ponto de vista. Quer nos mostrar o avesso do cenário: aos pés dos guerreiros rastejam suas vítimas. O cavalo, "a mais bela conquista do homem"? Não, seu escravo mais submisso. O homem não é um semideus que venceu a natureza graças à sua inteligência prometeica: ele é um anti-herói agressivo, o carrasco da natureza da qual é predador. Não há um recanto sequer da terra onde ele não tenha feito sua morada, a ponto de colonizar os territórios de todos os outros viventes; não há um pedaço sequer do planeta que suas técnicas invasivas não tenham violado. Elas domaram os rios, destruíram as planícies, esgotaram o solo e o subsolo para extrair metais e energia. A natureza lhe foi pródiga em plantas e animais, ele quis apropriar-se deles. Dotado de uma vontade de potência ilimitada, criou vegetais e animais escravos de seus caprichos. A espécie humana subjugou certas espécies para colocá-las a seu serviço, sequestrou outras para abatê-las em série, e é responsável direta pela diminuição da biodiversidade. Conhecemos outro ser que se dedique não somente a destruir os demais viventes (afinal nós temos de viver!), mas a tornar cada vez mais difícil a vida na Terra? Sem contar os vícios constitutivos da raça: a arrogância de se achar intelectual e moralmente superior aos demais; a soberba de querer ser "mestre e dono da natureza"; a *húbris* de inventar deuses à sua imagem para se imaginar o eleito e justificar seus atos de dominação; a vaidade de se achar dotado do privilégio da sensibilidade, da emoção e da compreensão do mundo e, portanto, de se arrogar o direito exclusivo de viver nele. Em resumo, o *anthropos* sofre de antropocentrismo.

As duas imagens do homem nascidas do Iluminismo, a animalista e a pós-humanista, são corretas. E encaixam-se perfeitamente. Mas com consequências diferentes. O retrato do homem como herói conquistador serve para justificar a queda do humanismo no pós-humanismo: o progresso dos cuidados médicos se completará para realizar a revolução melhorativa que humanizará as máquinas e mecanizará o homem. O retrato do homem como mestre dominador justifica a queda do humanismo[1] no animalis-

---

1 Para a maioria dos militantes animalistas, o humanismo é um termo pejorativo, mais ou menos sinônimo de antropocentrismo: ser humanista é ter consideração apenas pelo humano. Esse uso depreciativo é retomado por sociólogos (Bruno Latour) e antropólogos (Philippe Descola) que associam a oposição homem/animal ao etnocentrismo ocidental. O anti-humanismo de alguns combatentes da causa animal na França é uma herança filosófica: Élisabeth de Fontenay e, secundariamente, Florence Burgat e Patrick Rouget seguem na esteira da fenomenologia e de Jacques Derrida (*L'Animal que donc je suis*) – ele próprio marcado por Heidegger (*Lettre sur l'humanisme*) –, e veem o humanismo (que é identificado ora com a metafísica de Descartes e o triunfo

mo: os bons-tratos se completarão para realizar a revolução abolicionista que humanizará o animal e animalizará o homem.[2]

A CONSTATAÇÃO HUMANISTA

Assim como a filosofia trans-humanista, a filosofia animalista apoia-se em um fato incontestável. Para o trans-humanista, os progressos das técnicas e, singularmente, das biotecnologias contribuíram para melhorar as condições da vida humana. Para o animalista, elas contribuíram incontestavelmente para deteriorar as condições da vida animal. Essas duas constatações eram argumentos do programa iluminista: melhorar continuamente as condições da vida humana, garantindo ao mesmo tempo condições de vida adequadas e adaptadas aos animais. Essa era a posição de Kant, por exemplo.

> O homem tem, entre seus direitos, o direito de matar os animais (sem torturá-los) ou impor-lhes trabalho, desde que este não exceda suas forças (visto que todos nos sujeitamos à mesma necessidade); em contrapartida, devemos rejeitar as experiências físicas cruéis que são praticadas sobre eles para o simples benefício da especulação, embora o objetivo possa ser atingido sem elas. O próprio reconhecimento dos serviços prestados por um velho cavalo ou um velho cão (como se fossem pessoas da casa) faz parte indiretamente do dever do homem, se considerado em relação a esses animais, porém, se considerado diretamente, é sempre um dever do homem consigo mesmo.[3]

"da" técnica, ora com a "tradição judaico-cristã", que considera os animais servidores dos homens) como a fonte do mal. Contudo, há militantes franceses da causa animal que se dizem "humanistas": por exemplo, Corinne Pelluchon e Frédéric Lenoir.
2 Segundo Peter Singer, que tinha ainda uma posição ambígua entre bons-tratos e abolição, os principais pensadores do abolicionismo são Tom Regan, Gary L. Francione, Steve F. Sapontzis e Joan Dunayer. Estes, ou seus introdutores franceses, têm uma influência decisiva sobre os militantes veganos. A descrição do abolicionismo que esboçamos aqui retoma as teses mais evidentes e consensuais desses diversos autores.
3 Kant, *Doctrine de la vertu*, § 17.

O credo humanista é o seguinte: não temos somente deveres absolutos para com os outros homens; temos deveres relativos para com os animais com que convivemos. Realizar esse programa hoje significa, na prática, que todo animal criado para uso ou consumo humano deve ser criado respeitando-se o que o Farm Animal Welfare Council chamou de as cinco "liberdades": ele não deve passar fome ou sede; sofrer violência física; dores, machucados e doenças; medo e estresse; e deve poder manifestar os comportamentos normais de sua espécie. Essa exigência "welfarista" (de *welfare*, bem-estar), ou melhor, de "bons-tratos",[4] não é uma utopia: é nosso dever comum para com os que nos servem ou dos quais nos servimos, ou simplesmente para com todos com quem compartilhamos tempo e trabalho. Tratar bem os animais sob nossa guarda, lutar contra a mercantilização do vivente, contra a *coisificação* dos animais, é a continuação do combate do Iluminismo – exatamente como o desenvolvimento ilimitado da medicina para o bem da humanidade.

REVOLUÇÃO ANTI-HUMANISTA

Mas a utopia abolicionista não é isso. É algo muito diferente. Ela começa no ponto exato em que rompe com o welfarismo herdado do Iluminismo. Os bons-tratos são para o abolicionismo o que os programas social-democratas são para o comunismo autêntico: traição, colaboração com o inimigo.[5] O abolicionismo é uma ideologia revolucionária. É preciso partir a história ao meio: "Desde sempre, os animais foram submetidos às leis dos homens, doravante a exploração animal deve ser abolida. O homem novo não será mais senhor nem usurpador".

---

4 Preferimos esse neologismo ao barbarismo anglicista "welfarismo", que se coloca do ponto de vista do animal (o que é sempre difícil, para não dizer impossível) e não do ponto de vista dos deveres humanos.
5 Há posições intermediárias, por exemplo a dos "reformistas radicais", se é que se pode dizer assim, como Kymlicka e Donaldson (*Zoopolis: une théorie politique des droits des animaux*), que aceitam certas utilizações dos animais, como os cães-guia (cf. Pelluchon, *Manifeste animaliste: politiser la cause animale*, p.55).

Esses movimentos radicais são herança dos sonhos de libertação política ou social dos séculos XIX e XX, e ao mesmo tempo o sintoma de seu fim gradual. Os conceitos políticos criados para pensar a sujeição dos homens são desviados. O próprio termo "abolicionismo" é emprestado da luta contra a escravidão. Fala-se de "libertação animal" como se falava antes de libertação de certos povos ou classes. Diz-se "exploração dos animais" como se dizia antes "exploração do homem pelo homem". Algumas formas de abate são qualificadas de "genocídio animal". Os animais são os novos proletários do capitalismo produtivista; eles acumulam todas as servidões.[6] Os operários ocidentais são vítimas das classes possuidoras. E os do Terceiro Mundo, ainda por cima, têm de se submeter ao imperialismo ocidental. E as operárias, além de tudo, têm de se sujeitar à dominação patriarcal. Os animais são vítimas de toda a humanidade. São os últimos mártires no fim da cadeia de processos de dominação. Assim, quando as mulheres não aceitam que seus opressores patriarcais as comparem aos animais, elas participam do aviltamento das outras espécies e reproduzem o mecanismo de sua própria opressão.[7] Libertando os animais, é como se libertássemos um a um todos os escravos, colonizados, dominados, proletários, excluídos, subalternos, precarizados, mulheres, homossexuais, transexuais etc. Em outras palavras, copiando o *slogan* de Marx ("Libertando-se de suas cadeias, o proletariado libertará toda a humanidade"), podemos dizer: libertando os animais, libertaremos toda a cadeia de subjugados. O animalismo não é uma radicalização da proteção do animal: é a animalização da radicalidade.

O processo de domesticação pelo qual os homens, há mais de 10 mil anos, conseguiram mudar o comportamento natural de certas espécies para conviver com elas e aproveitar-se de seus produtos ou capacidades não foi mais do que uma gigantesca ação de servidão. A civilização era uma barbárie. Por isso não teremos

---

[6] O que Garcia já observava, em outros termos, no belo livro *Nous, animaux et humains*, em especial p.111.

[7] Cf. Adams; Donovan (orgs.), *Animals and Women: Feminist Theoretical Explorations*, p.19.

mais animais de estimação, simples fetiches que servem apenas ao nosso narcisismo: eles vivem sob nossa dependência, mas deveriam viver sem mestres. Para evitar a propagação dessas espécies e raças de escravos que só conseguem sobreviver sob nossa dependência, todos teriam de ser esterilizados, segundo o coerente programa de Gary Francione.[8] Não comeríamos mais carne, peixes ou crustáceos, porque não existe criação ou pesca correta – ambas são forçosamente formas de exploração dos mais fracos. Seremos ovolactovegetarianos. Também não teremos mais uma "terra prometida", "onde correm leite e mel", como diz a Bíblia, porque leite e mel são provenientes de apropriação indevida. Seremos vegetarianos. Não montaremos cavalos, não vestiremos peles de animais, pulôveres de lã ou camisas de seda; não usaremos sapatos de couro; não enfeitaremos nossos corpos com plumas de avestruz e ossos de perdiz; não encheremos nossos colchões de crina; não roubaremos a bosta das vacas para transformá-la em combustível ou fertilizante; não organizaremos concursos de cigarras (como na China sob a dinastia Han);[9] não daremos aos bebês mamadeiras de leite de vaca, cabra ou camelo, que são provenientes de um desvio abusivo do bem alheio, e as mulheres serão obrigadas a alimentá-los. Em resumo, não usaremos nenhum produto que seja proveniente da servidão animal. Seremos veganos.

---

8 Medida recuperada pelo programa do Partido Antiespecista francês, no qual se encontram medidas coerentes com o antiespecismo, é claro, mas também medidas preocupantes para o equilíbrio ecológico ou a saúde humana: "Proibir a eutanásia de pombos, legalizar o ato de alimentá-los", e até mesmo: "Proibir o uso e a fabricação de inseticidas" (disponível em: <http://www.parti-antispeciste.fr/pages/programme/39.html>; acesso em: 18 maio 2018). (Essa última proibição poderia ser defendida na África?). O Partido Animalista não é tão rigoroso: "Incentivar os proprietários a esterilizar seus animais por intermédio de bônus nos impostos" (disponível em: <https://parti-animaliste.fr/animaux-de-compagnie>; acesso em: 18 maio 2018), mas em outros projetos é igualmente preocupante: "Eliminar o estatuto de espécie 'nociva'".

9 Cf. Digard, *L'Homme et les animaux domestiques: anthropologie d'une passion*, p.145.

ANIMALIZAÇÃO DO HOMEM E HUMANIZAÇÃO DO ANIMAL

A revolução abolicionista repousa sobre a seguinte convicção: o homem é um animal como todos os outros, salvo que é o superpredador da natureza. Corolariamente, o animal é uma pessoa, por assim dizer.

Como o léxico faz parte da opressão, o primeiro passo é reformá-lo. Evitar falar "os bichos" e dizer "os animais não humanos". Todo animal, humano ou não humano, merece consideração igual.[10]

O segundo passo é reavaliar os princípios e os limites de nossa comunidade. Não se trata mais de família, Cidade, Igreja, falanstério, sociedade, Estado, como nas utopias dos séculos XIX e XX: a verdadeira comunidade está além do político. Além da humanidade. Trata-se da comunidade de todos os animais sensíveis. Seus membros são livres e iguais. Livres para não depender dos outros. E iguais. Todos os indivíduos de todas as espécies são iguais; todos têm "direito à vida" e toda vida animal tem "direito ao respeito".[11]

Essa nova comunidade é, em primeiro lugar, moral. O que ela tem de revolucionário em relação às teorias morais clássicas é seu princípio fundador: o antiespecismo, formulado há mais de quarenta anos pelo filósofo utilitarista australiano Peter Singer. "Não há nenhuma razão – salvo o desejo egoísta de preservar os privilégios do grupo explorador – para se rejeitar a extensão do princípio fundamental de igualdade de consideração de interesses aos membros das outras espécies."[12] A nova utopia afirma: não devemos discriminar os animais em função de sua espécie, assim como não devemos discriminar os humanos por sua raça ou sexo. E uma vez que não há diferença essencial entre o homem e os outros animais, *não há razão* para diferenciar moralmente os

---

10 Cf. Dunayer, *Animal Equality: Language and Liberation*.
11 Artigo 2º da Declaração Universal dos Direitos do Animal: "Toda vida animal tem direito ao respeito".
12 Singer, *La Libération animale*, p.13.

humanos dos animais. Obviamente, eles não são agentes morais capazes de agir como os adultos saudáveis que somos, mas são pacientes morais, consequentemente podem sofrer (posto que têm *senciência*, a capacidade de sentir experiências positivas ou negativas), exatamente como os bebês, os deficientes e os doentes mentais, aos quais devemos cuidado, proteção e solicitude. Portanto, eles devem receber as mesmas atenções.

Essa comunidade é, em segundo lugar, política. O que ela tem de revolucionário em relação às teorias políticas clássicas é o fato de querer integrar novas populações não humanas à sociedade, dentro do quadro comum do Estado.[13] Posto que são "sujeitos individuais", os animais devem ter o benefício de uma forma de cidadania ou *status* jurídico de "pessoa",[14] ou, em todo caso, devem ser reconhecidos "como membros de comunidades (nossas e deles) interdependentes, baseadas em laços de reciprocidade e responsabilidade":[15] "cidadania" para os animais domésticos e "soberania" territorial para os animais selvagens. Pois o que seriam os "direitos" – os dos animais – se não fossem reconhecidos pelo Direito e, portanto, por um Estado?

Nas utopias comunistas, não era necessário ser humanista, porque as comunidades essenciais estavam aquém do humano. "Não vejo homem", dizia o marxista. Acontece o inverso na nova utopia: a verdadeira comunidade não deve ser humanista, mas animalista; ela está além do humano. "Não vejo homem", diz o animalista, "vejo somente animais sensíveis, que se diferenciam uns dos outros apenas por sua espécie." O homem não é a medida de todas as coisas. Devemos procurar um padrão de medida superior: o animal sensível.

A grande diferença dessa nova utopia em relação às utopias passadas é o fato de ela estar inserida no novo quadro do pensamento individualista. A síntese de uma ética compassiva e de uma ideologia dos "direitos subjetivos" resulta em uma figura bastante próxima da do pós-humanismo: um indivíduo liberal, soberano

---

13 Cf. Kymlicka; Donaldson, op. cit.
14 Pelluchon, op. cit., p.47-8.
15 Kymlicka; Donaldson, op. cit. p.359.

e independente. O animal (humano ou não) é um sujeito individual, um ser completo e insular, saído das mãos da Natureza com direitos inalienáveis, e armado de uma única vontade: que o deixem em paz.

Contexto

REALIDADES

O animalismo está ligado, em primeiro lugar, a uma evolução da "condição animal". A industrialização das tecnologias da criação, resultante do êxodo rural e do aumento do consumo de carne, acarretou um aumento da produtividade e uma deterioração das condições de vida de suínos, bovinos e aves. A tomada de consciência dessa situação comoveu legitimamente as populações urbanas. Acrescentou-se a isso a denúncia mediatizada de diversos crimes: laboratórios ilegais de experimento animal, abatedouros não conformes com a legislação, tráfico de animais selvagens etc.

REPRESENTAÇÕES

Paralelamente a essas realidades, há mutações nas representações. Se hoje somos sensíveis à condição animal, é porque a palavra "animal" não tem mais o sentido que tinha desde tempos imemoriais. O aumento da urbanização nos fez perder contato com a fauna selvagem: a luta ancestral dos homens contra as outras espécies (lobos dizimando rebanhos, ratos espalhando a peste) foi esquecida; e as que ainda são travadas (javalis devastando terras agrícolas na Charente, cães de rua infestando cidades do Terceiro Mundo, velhos elefantes do Botsuana destruindo plantações, tigres assassinos nos mangues de Bengala etc.) muitas vezes não são conhecidas. O que é verdade para os animais selvagens é verdade para os domésticos: antigamente o cavalo era um "amigo do homem", porque trabalhava ou guerreava ao lado dele; o gato caçador de ratos não entrava em casa; o cão só saía para a caça; e o porco era morto nos dias de festa. Nós rompemos com os bichos reais. Temíamos uns e convivíamos com os outros, houvesse o que houvesse. Nas últimas décadas, um terceiro tipo de fauna desenvolveu-se de forma exponencial, tomando o lugar das duas tradicionais e determinando uma relação inédita com a animalidade: os "animais de estimação", através dos quais vemos todo o reino animal. Desde meados do século XX, e pela primeira vez na história, as populações urbanas das sociedades industriais convivem apenas com animais que são criados para não fazer nada, para simplesmente estar ali, trocando carinho e afeição com seus donos. Portanto, os únicos bichos que elas conhecem são esses companheiros antropizados ou os animais criados às bateladas dos noticiários de televisão. O animal no imaginário contemporâneo não é mais o que era no imaginário clássico: a fera assustadora ou o animal de trabalho; ele é o subproletário (vítima dos abatedouros) ou o aristocrata (mascote da família): o que sofre por nossa culpa ou o que amamos como a nós mesmos.

Isso esclarece nossa nova sensibilidade. E seria suficiente para esclarecer o desenvolvimento dos movimentos "protecionistas" (na linha da velha Sociedade Protetora dos Animais, criada em 1845, ou da Liga Francesa para a Proteção do Cavalo, que foi fundada por Jacques Delmas de Grammont e deu origem à famosa lei protecionista de 1850) e, portanto, de um militantismo a favor dos bons-tratos dos animais de criação, mas não o nascimento de uma nova utopia abolicionista. Esta chegou à França de forma bastante repentina, depois de percorrer o percurso usual da migração transatlântica das ideias: movimentos vegetarianos nos *campi* norte-americanos (anos 1980, fundação do Peta em torno do slogan: "Os animais não nos pertencem"), criação de novas especialidades e disciplinas acadêmicas ("ética animal", "direito do animal") nos países anglo-saxões (anos 1990) que produziram uma literatura considerável e irrigaram as universidades dos países latinos (revistas acadêmicas, cátedras, colóquios), tradução dos "clássicos" anglófonos (anos 2000) e, por último, penetração das sociedades europeias, graças à explosão repentina na mídia (anos 2010), apoiada por personalidades conhecidas do grande público (best-sellers, números especiais de revistas, convocação de jornalistas especializados em "ética animal" pela imprensa cotidiana etc.). Ao todo, o processo demorou, como sempre, cerca de trinta anos, ou mais, se considerarmos o best-seller internacional *Libération animale*, de Peter Singer, publicado em 1975, mas traduzido para o francês quase vinte anos depois.

Logo, as causas da utopia abolicionista – e de sua consequência, o veganismo – não devem ser procuradas somente na evolução das sensibilidades.

Ela tira partido, antes de mais nada, de certa proximidade aparente com dois outros movimentos de ideias que lhe são contrários, mas com os quais é frequentemente confundida.

ASSIMILAÇÕES ENGANADORAS

Há uma confusão entre "animalismo" e "ecologia". Os desastres que ameaçam o meio ambiente e a biosfera difundiram a ideia de que o homem é o grande explorador da Natureza e seu superpredador. Isso facilita a propagação da ideologia abolicionista, embora ecologia e animalismo sejam opostos tanto em seus princípios como em suas consequências. O animalismo só se interessa pelos indivíduos; a ecologia é holista e se preocupa com o equilíbrio global entre as espécies nos ecossistemas. O animalismo só se importa com os animais na medida em que estes podem sofrer; a ecologia não faz diferença entre espécies de viventes sensíveis e não sensíveis. Ao contrário da ecologia, o animalismo se preocupa com o destino de animais que têm pouco peso no meio ambiente natural (animais de criação, estimação e trabalho). O animalismo considera que o sofrimento e a morte dos animais são um mal que deve ser erradicado, ao contrário da ecologia, que os vê como componentes necessários da vida e da dinâmica natural.[16] Essa é a argumentação do teórico da ética ambiental John Baird Callicott contra a moral de Peter Singer, a quem condena pelo individualismo e sentimentalismo antropomórfico. "No mundo

---

16 Cf. Vilmer, *Éthique animale*, p.16.

animal", observa, "o sofrimento tem um papel importante, porque é funcional (alerta para o perigo, pode ser um elemento de seleção das qualidades individuais etc.); a erradicação do sofrimento seria o fim do mundo selvagem."[17]

Ecologia e animalismo, portanto, têm consequências opostas: às vezes, para preservar certos equilíbrios ecossistêmicos, os ecologistas têm de reintroduzir predadores nas reservas animais (à custa da vida de um monte de gazelas) ou erradicar espécies invasivas (como os coelhos que desertificaram a Austrália e quase quebraram o país no início do século XX); a caça esportiva é condenada pelos animalistas, mas é reconhecida muitas vezes como um fator de proteção do meio ambiente. (Os primeiros teóricos da ecologia, como Aldo Leopold, defendiam a caça porque possibilitava que o caçador tivesse acesso a uma forma de pensamento "animal" e o fazia compreender a interdependência dos constituintes da comunidade biótica, em vez de fazê-lo valorizar cada individualidade viva.)[18] Seja como for, houve uma confusão entre "defesa do meio ambiente" e "direitos dos animais", alimentada pela vaga representação de uma Natureza uniformemente boa. Ela não é mais o império da "lei da selva" (a guerra de todos contra todos), como era nos modelos filosóficos antigos: ela é o reino da harmonia preestabelecida entre as espécies, um universo que seria tranquilo, se não fosse a intervenção de seu único predador: o Homem.

Mas a ecologia (ou a ética ambiental) não é a única adversária da utopia abolicionista: ela também têm como antagonista a defesa dos animais de estimação, que, para ela, é o lado mais insidioso do reformismo dos bons-tratos. Desde Peter Singer, todos os abolicionistas se insurgiram contra o fato de que, quando se trata de defesa dos animais, somos especistas e privilegiamos os animais "bons" (do mesmo modo que alguns escravagistas tinham negros "bons"): não os que sofrem objetivamente mais,

---

17 Apud Larrère, *Les Philosophies de l'environnement*, p.56.
18 Cf. Larrère, "Ce que sait la montagne. Aux sources des philosophies de l'environnement", *La Vie des Idées.fr* (disponível em: <http://www.laviedesidees. fr/IMG/pdf/20130430_environnement.pdf>).

porém os que, por egoísmo e antropomorfismo, amamos mais porque são nossos (apropriação ilegítima), porque são escravos de nossa afeição, porque se parecem conosco (na verdade, criamos essas raças antropizadas para que sejam dependentes de nós) ou simplesmente porque são mais "bonitinhos" do que os demais – ignorando que todos os animais são iguais enquanto seres suscetíveis de sofrer. Seja como for, os abolicionistas – que gostariam de impor o reconhecimento de um status jurídico único para o animal em geral (esperando que um dia ele não seja mais "apropriado", usado ou explorado) – aproveitam-se da indignação dos donos de cães e gatos, que acham que esse status melhorará a sorte de seu amado animal, quando, ao contrário, eles correm o risco de perdê-lo (porque não se pode ser dono de um ser comparável a uma pessoa), ou, na melhor das hipóteses, pode obrigá-los a esterilizá-lo, para que as raças subjugadas ao homem desapareçam para sempre.

ORIGENS INTELECTUAIS DA UTOPIA ANIMALISTA

A utopia abolicionista não deve seu desenvolvimento apenas a essas confusões com outras causas. Procurando em suas origens intelectuais, encontramos o mesmo solo ideológico da utopia pós-humanista.

Se hoje os animais parecem mais próximos de nós, é menos pelo que sabemos deles do que pelo que ignoramos de nós. Todos os freios tradicionais que constituíam a singularidade da pessoa humana desapareceram: as religiões monoteístas, que eram seu garante tradicional, perderam terreno à medida que se impunham as visões vulgarizadas do darwinismo, da biologia genética ou da etologia. Cansamos de ouvir que o homem tem apenas 1% de diferença genética em relação ao chimpanzé e 20% em relação ao rato,[19] ou que os estudos etológicos mostram que a consciência, o pensamento e a emoção, ou a técnica, a cultura, a arte, a linguagem e o simbólico, antes considerados "próprios do homem", "já"

---

19 *Contra*, cf. Prochiantz, "Mon frère n'est pas ce singe", *Critique*, n.747-8.

são encontrados no "animal". Na verdade, o que mudou foi mais o vocabulário do que nossos conhecimentos. O que era atribuído a conceitos reservados à animalidade ("o instinto", "o repertório comportamental inato") agora é traduzido em termos antes reservados à humanidade. Foi nosso olhar acerca do homem que mudou, mesmo nas "ciências humanas", nas quais, desde o início do século XXI, o paradigma naturalista tende a preponderar na explicação do comportamento humano: neurociências, psicologia cognitiva, sociobiologia, psicologia evolucionista, etologia humana etc., em oposição ao paradigma clássico,[20] baseado na descontinuidade homem/animal: oposição de cultura e natureza, história humana e evolução natural, desejo e necessidade, linguagem humana e comunicação animal etc.

E, por último, há a nova moral: já dissemos que o "tudo é política" do século passado foi substituído pelo "tudo é ética" da época atual. Mas a nova ética animalista tem a particularidade de ser antipolítica, no sentido de "associal". A *Pólis* com que sonhamos é apenas uma associação de cidadãos em que cada um cuida de sua vida. A nova ética não se baseia em deveres de cooperação ou nas virtudes da solidariedade – nem ao menos na que unia o lavrador e o boi, o cocheiro e o cavalo, o caçador e o cão –, mas na relação de mão única do cuidado (*care*) ou, mais amplamente, na relação de agente para com paciente. Essa ética *vis-à-vis* aos animais tem um correlato na humanidade: esta não é uma comunidade moral, definida pela história, pela troca ou pelas práticas sociais, mas uma espécie biológica. Essa moral está ligada, como dissemos, ao império dos "direitos subjetivos", que é para o Direito o que a ética é para a política.

Dúvidas

Assim como procedemos com a utopia pós-humanista, vamos nos limitar, em um primeiro momento, a ressaltar a equivocidade de alguns conceitos.

---

20 Desenvolvemos essas ideias em *Notre Humanité*.

DIREITOS DO ANIMAL?

Os animais não estão totalmente ausentes do Direito. Na França, há um século e meio o Código Penal proíbe os maus-tratos aos animais, inclusive em pesquisas médicas. A proteção dos animais de criação e pesca é regulada pelo Código Rural, o qual afirma que "o animal deve estar em condições compatíveis com os imperativos biológicos de sua espécie". O Código Ambiental regulamenta a caça e define as espécies protegidas ou nocivas etc. Mas os direitos do animal não pertencem ao Direito positivo.

Todos os animais nascem dotados de direitos naturais? Não, evidentemente. Querer dotá-los de direitos é desejável? A perspectiva é tentadora. Não podemos nem devemos tratar os animais como coisas: sua natureza se opõe, nossa sensibilidade nos dissuade. No entanto, o recurso aos direitos subjetivos não parece a melhor maneira de resolver o problema de nossa relação com eles. Ou levamos a sério o conceito de "direitos do animal", ou ele não quer dizer nada. Os "direitos humanos" definem o espaço de independência dos sujeitos em relação ao poder soberano. Os "direitos animais" não podem proclamar a independência dos animais em relação aos homens, porque muitas espécies animais domésticas não conseguiriam sobreviver sem a assistência, a proteção e a alimentação dadas pelo homem. Os "direitos humanos" repousam sobre a afirmação da igualdade fundamental de todos os homens; dito de outro modo, todas as discriminações devem ser combatidas; dizer que todos os homens têm igualmente o direito de viver significa que nenhum homem pode dispor da vida de outro. Mas o que significa que todos os animais são iguais, ou que todos os animais têm o direito de viver, senão um igualitarismo insano? Que o lobo não tem o direito de negar ao cordeiro seu direito de viver? Ou, ao contrário, que o cordeiro não tem o direito de negar ao lobo esse mesmo direito? A noção é contraditória: se concedemos ao lobo o direito de viver, nós o retiramos do cordeiro; e se dizemos que o cordeiro tem direitos, como fica o direito natural do lobo de se alimentar? Mesmo a pretensa Proclamação Universal dos Direitos do Animal é obrigada a fazer contorcionismos: "Todos os animais têm direitos iguais à existência *no âmbito dos equilíbrios biológicos"*, diz seu Artigo 1º. Ora, os equilíbrios ecológicos negam essa igualdade de direitos. Por mais que nos abstenhamos de comer animais, nunca poderemos impedir que outras espécies o façam, sob pena de causarmos sua morte. Alguns dirão que os direitos animais não se impõem aos animais, mas aos humanos: não são direitos *deles*, mas deveres *nossos*, e ninguém, nem mesmo o Direito que regula nossa conduta em relação aos animais, contestará que temos deveres para com eles. Portanto, esses deveres do homem não dizem respeito ao animal em geral, mas dependem do que são os animais e do que eles são para nós. Nem "direitos" nem "animal": a expressão "direitos animais" tem pouco sentido e reduz-se à posição humanista dos bons-tratos; temos deveres diferentes para com os animais. Resta saber: quais deveres? Quais animais?

ANTROPOCENTRISMO?

A atitude humanista (preocupar-se acima de tudo com o bem da humanidade) seria, na realidade, um antropocentrismo e, portanto, uma atitude moralmente condenável. (Poderíamos dizer do mesmo modo: não é antropomorfismo considerar que a ovelha é uma escrava, que o cachorro em uma coleira é um prisioneiro?) Na verdade, a atitude que chamamos de antropocentrista seria mais bem qualificada se fosse denominada zoocentrista, uma vez que é a atitude comum de toda espécie animal. É quando nos "desanimalizamos" que começamos a nos preocupar com o destino dos outros animais. Reciprocamente, a vontade de romper com o antropocentrismo pode ser interpretada como a manifestação mais bem-sucedida do antropocentrismo. De fato: em toda a história, nós, citadinos dos países industrializados, nunca fomos tão pouco "animais"; nunca nos sentimos tão pouco em harmonia, em luta ou em concorrência com os outros animais. Enquanto vivíamos com os animais, éramos como eles: éramos amigos ou companheiros de uns, adversários (dos que atacam a nós, nossas colheitas ou nossos rebanhos) ou rivais (na caça) de outros. É nesses termos que pensam os que vivem perto deles, no campo, nas florestas, nas savanas etc. Para essas pessoas, a ideia de que devemos libertar todos os animais parece uma incongruência: tratamos bem nossos companheiros, tratamos mal nossos adversários. Mas o antropocentrismo contemporâneo inventou o animal e o animalismo.

CONTINUÍSMO?

O argumento continuísta parece fatal à causa. Em seu princípio e em suas consequências. O que se diz é: "Hoje, a ciência (biologia, etologia etc.) prova que o homem é um animal igual aos outros". Sem dúvida. Mas se a ciência prova que o homem é um animal igual aos outros, é porque o homem não é um animal igual aos outros, uma vez que somente ele dispõe de um instrumento de conhecimento infalível: a ciência. Isso é quanto ao princípio.

E, agora, quanto às consequências. "Poucas coisas nos separam dos outros animais, portanto devemos estender nossa comunidade moral a outros animais." Isso significa supor que a moralidade é medida pelos pacientes morais e, portanto, pela pergunta: quem são os destinatários de nossa atenção moral, isto é, de nossa compaixão? Pergunta legítima, uma vez que esse é um dos motivos de nossa conduta altruísta: de fato a piedade vai muito além de nossos semelhantes e "nos leva sem reflexão ao socorro dos que vemos sofrer",[21] como diz Rousseau. Mas o argumento continuísta inverte-se assim que a moralidade é medida pelos agentes morais e, portanto, pela pergunta: quem deve agir moralmente? Se somos tão próximos dos outros animais, por que deveríamos nos preocupar com eles e deixar de nos comportar como eles, como animais? Somente um ser muito diferente dos outros animais é capaz de condutas morais. E somos obrigados a concluir que "não somos animais iguais aos outros", justamente porque sentimos que temos obrigações para com os outros animais.

Assim, do mesmo modo que o pós-humanismo não pode transcender o humano apoiando-se somente no que é característico do homem, isto é, a técnica, o animalismo não pode reduzir

---

21 Rousseau, *Discours sur l'origine et les fondements de l'inégalité parmi les hommes*.

o humano ao animal apoiando-se somente no que é característico do homem: a ética.

REVOLUÇÃO?

O animalismo aparece como a encarnação contemporânea da vontade do Bem – por isso tem tanto apoio e tão pouca oposição: quem seria capaz de defender a ideia de que se deve fazer mal aos animais? Contudo, se as mobilizações sob o slogan welfarista são pacíficas, as mobilizações abolicionistas podem se tornar violentas. Como todas as vanguardas, os libertadores dos animais se acham os porta-vozes dos sem-voz. Mas, nesse caso, as vítimas não podem tomar a frente e libertar a si mesmas, ao contrário das raças discriminadas ou das mulheres subjugadas ao patriarcado. É o que torna a indignação dos militantes mais mobilizadora – e seus movimentos potencialmente mais exaltados. Quem pode libertar os animais silenciosos quando são massacrados? Quem pode defender o deus oculto ou o profeta mudo quando são insultados? Somente os santos, os puros, os justos.

As consequências atuais da utopia limitam-se a campanhas contra a indústria da carne, a pressões sobre criadores, párias de uma sociedade da qual são os proletários, e a umas poucas proibições ou ameaças: abate ritual judeu e muçulmano, delfinários, zoológicos, circos, caça e pesca esportivas, touradas, adestramento e corrida de cavalos, experimentos farmacêuticos, especialidades culinárias, casacos de pele etc. Mas se uma pequena parte do programa abolicionista fosse aplicada amanhã, a civilização mudaria totalmente: a nova humanidade, livre dos animais que foram libertados por ela, não seria a mesma que conhecemos hoje. E não estamos muito seguros de que o mundo seria melhor.

Uma ética da segunda pessoa

Como fizemos com a utopia pós-humanista, adotaremos agora o ponto de vista dessa ética. A que Bem visamos? O que deseja o abolicionista? Para ele, qual é o Mal que deve ser erradicado? Duas respostas são possíveis, e não dão no mesmo. Pode ser o sofrimento dos animais. Pode ser a "dominação" que impomos a eles. Objetivos atraentes. Eles são alcançáveis? São moralmente desejáveis?

AS DUAS VERTENTES DA ÉTICA ABOLICIONISTA

Queremos realmente impedir o sofrimento dos animais? Mas até onde devemos ir? Até o sofrimento que causamos aos animais que vivem sob nossa dependência? Mas esse é o programa welfarista, e ele já é aplicado grosseiramente na maioria das legislações dos países industrializados. Temos de ir mais longe, então; aliás, a compaixão hipoteticamente não tem limite nem medida. Devemos impedir o sofrimento causado aos animais selvagens. Mas até que animais devemos considerar e até que grau de *senciência*? Até os gastrópodes? Até os peixes de rio? A não assistência a um animal que está sofrendo deve ser punida? Quem não recolhe uma ave que caiu do ninho deve ser multado? Deveríamos nos converter aos jainismo e usar um lenço sobre a boca para não correr o risco de matar insetos minúsculos quando respiramos? E a fome não é o pior dos sofrimentos? Seria obrigatório alimentar as pombas e os ratos das cidades? Mas por que ir apenas até o sofrimento pelo qual somos responsáveis? No mundo selvagem, os animais se entreatacam e se entredevoram o tempo todo. Não deveríamos impedir o próprio sofrimento animal? E por que ir apenas até a morte animal causada por nós? O sofrimento e a morte do cordeiro devorado vivo ou do lobo esfomeado não são ainda piores? O sofrimento e a morte, logo a própria natureza e a própria vida, são o Mal. O combate não tem fim. O Bem absoluto jamais será alcançado. Do mesmo modo que a "longa vida" da utopia trans-humanista jamais será suficientemente longa sem a imortalidade, o "comum" do comunismo jamais será suficientemente comum e o "puro" da depuração jamais será suficientemente puro, jamais haverá alívio para o sofrimento animal enquanto houver vida. O objetivo revolucionário estará sempre fora de nosso alcance.

(A não ser que nos limitemos a princípios razoáveis e justos, segundo o programa humanista. Aos deveres que nos competem em relação aos animais. E volta a questão: quais deveres? Quais animais?)

O outro objetivo dos abolicionistas não é a abolição do sofrimento. Ele é menos compassivo e mais político. É necessário, por princípio, que cesse a exploração dos fracos. O Mal é a predação. Mais uma vez, até onde devemos ir? Comissários políticos proibirão o consumo de carne, peixes, crustáceos, ovos, laticínios, mel etc. Guardiões da revolução zelarão para que seja cumprida a proibição do uso de couro, pele, seda, plumas, ossos, gordura animal etc. Inspetores do Ministério da Condição Animal se deslocarão até o campo para verificar se todos os animais "de renda" (vacas, bezerros, porcos, pintos etc.) e os animais de estimação (cães, gatos, porquinhos-da-índia, coelhos etc.) foram esterilizados. Mas não é só a escravidão, há também a colonização: devemos devolver aos animais selvagens os territórios que roubamos deles – ao invés de confiná-los em reservas. Portanto, devemos limitar drasticamente nosso crescimento demográfico e progressivamente nos contentar com um modesto pedaço do planeta (que parte da biosfera nos caberia por justiça?) para que as espécies espoliadas possam viver em paz. E por que deveríamos nos limitar à nossa própria predação? A predação natural não é o Mal? Não deveríamos salvar o coelho perseguido pela raposa? Não deveríamos impedir este de comer aquele e, mais em geral, socorrer todas as presas contra seus predadores? Essas são as perguntas que um dos mais rigorosos teóricos da libertação animal se faz com toda a seriedade do mundo.[22] (Perguntas, note-se *en passant*, de um pensador muito bem alimentado, que ignora o sofrimento dos predadores famintos.) Outra hipótese, não menos criativa, para acabar com a carnificina natural da alimentação à base de carne seria "transformar todos os carnívoros em herbívoros por meio de

---

22 Sapontis, Saving the Rabbit from the Fox. In: _____, *Morals, Reason, and Animals*. Há uma tradução em francês disponível em: <http://www.cahiers-antispecistes.org/faut-il-sauver-le-lievre-du-renard/>. Acesso em: 18 maio 2018.

manipulações genéticas". É uma proposta séria de um pensador do veganismo.[23] E é perfeitamente coerente. Por que nos restringir à natureza, presumindo que ela é boa? Por que não melhorá-la? Por que não extirpar o Mal (a crueldade, o sofrimento, a predação) que existe nela? As neorraposas geneticamente manipuladas poderiam conviver pacificamente com os neocoelhos – que, por sua vez, poderiam ser geneticamente manipulados para que, na ausência de predadores, não se reproduzissem tão rápido. (Ou seria uma verdadeira enxurrada! Decididamente, a ecologia não coopera com o animalismo.) Porém, vemos que, com esses devaneios visionários de transformação genética, a utopia abolicionista está muito próxima da utopia pós-humanista: às vezes o amor aos animais é o ódio ao selvagem. E o caminho que leva ao Bem é infinito.

(A não ser que, em relação à ética animal, não nos limitemos a combater os efeitos nefastos do produtivismo contemporâneo sobre a mercantilização do vivente, segundo o programa humanista. E volta a questão: quais deveres? Quais animais?)

O QUE REALMENTE QUEREMOS?

As duas vertentes da utopia abolicionista visam a um mesmo objetivo ("libertar os animais"), que continua inatingível. Ambas repousam sobre uma ética da segunda pessoa: como fazer o bem aos "outros" (os animais), como evitar seu mal? – com a diferença de que uma situa o Mal no estado do paciente (o sofrimento) e a outra na conduta do agente (a exploração). Mas uma ética da segunda pessoa não precisa ser justa, porque não tem de visar à justiça. Por isso, uma ética compassiva depende de uma contingência dupla: a sensibilidade do agente e a visibilidade do paciente. A piedade é irracional e só desperta diante do espetáculo do sofrimento. Somos mais fortemente inclinados a nos comover com um passarinho que caiu do ninho diante de nossos olhos do que com uma epidemia de cólera noticiada em uma nota de

---

23 Méry, *Les Végétariens: raisons et sentiments* apud Despret, *Quand le loup habitera avec l'agneau*.

jornal, embora, convenhamos, seria mais *justo* socorrer os doentes do que o pássaro. E as proclamações abolicionistas que exigem "justiça para os animais" apenas traduzem um sentimento que mistura compaixão (que não tem limite) diante do sofrimento e sentimento de culpa (que não tem medida) em relação a tormentos dos quais sentimos que somos a causa. Essas duas emoções alimentam, respectivamente, as duas vertentes da ética abolicionista. Mas essa é uma ética da segunda pessoa em ambas as vertentes: seja diretamente, como as morais compassivas que predominam no debate francês[24] (estas são as mais generosas e honestas, porque nascem de uma indignação sincera diante do sofrimento dos animais); seja indiretamente (como são as éticas animais anglo-saxãs, em geral utilitaristas),[25] apresentando-se como teorias da justiça, mas não podendo ser, porque não dispõem de um instrumento de medida para comparar, isto é, para somar e subtrair dores e prazeres, sobretudo quando se trata das dores e prazeres de humanos e animais.

A ética abolicionista não pode ser justa, porque só há justiça no interior de uma comunidade de iguais, que devem ser tratados ou de forma igual, ou de forma proporcional à sua conduta; mas não formamos comunidade com os animais, nem mesmo com os animais sensíveis. A não ser que postulemos que toda predação (mesmo entre espécies, como exigem a biodiversidade, o equilíbrio dos meios e a própria vida) e toda dominação (mesmo entre espécies, mesmo a dominação interna à manada de herbívoros) são injustiças e é essa injustiça que devemos abolir. Mas, ainda nesse caso, seria supor que existe algo como uma "comunidade animal", de que fazemos parte e na qual deve reinar a justiça.

No entanto, as duas vertentes da ética abolicionista (o Mal é o sofrimento, o Mal é a predação) dizem uma verdade. Se essa utopia arrebata tantos corações generosos, é porque se alimenta de emoções (compaixão, culpa) mais fortes do que qualquer argumento racional.

---

[24] Élisabeth de Fontenay, Florence Burgat, Françoise Armengaud, Corinne Pelluchon, Frédéric Lenoir etc.
[25] Peter Singer, Tom Regan, Steve Sapontzis, Joan Dunayer etc.

Volta a questão. É possível determinar uma medida *justa* dessas emoções que seja compatível com uma moral humanista? Em outras palavras, é possível conciliar esse *sentimento de injustiça* que mobiliza os animalistas com *princípios de justiça* imparcial? O humanista Kant postulou que tínhamos deveres racionais para com os animais, mas não formulou uma regra que nos permitisse deduzi-los. É o que propomos, estabelecendo como fio condutor a necessidade de equilibrar a relação assimétrica que forçosamente temos com os animais (e da qual são testemunha os dois motivos de indignação da ética em segunda pessoa) com os princípios de uma ética da justiça (uma ética da terceira pessoa baseada na troca e na reciprocidade dentro da comunidade).

Programa humanista para um tratamento ético dos animais

Vejamos alguns princípios simples que podem conciliar os espíritos. A maioria são truísmos, mas, tanto nesse caso como no do pós-humanismo, devemos deixar de extravagâncias e voltar às evidências.

DO ANIMAL

Considerado apenas o uso, os animais são viventes móveis e heterotróficos (que se alimentam apenas de matérias orgânicas, vegetais ou animais). Há milhões de espécies animais. Dizer "o animal" não significa nada, sobretudo em um contexto moral ou jurídico. Nas relações com as outras espécies, estamos sempre lidando com espécies particulares e, às vezes, com animais singulares.

Nós somos animais. Mas não formamos uma comunidade moral com os animais na qual possa reinar a justiça. Não existe comunidade animal porque nossos interesses e os deles são *antagônicos*: a vida de um se alimenta necessariamente da vida do outro. Que comunidade de interesse pode haver entre o homem e o lobo, e *a fortiori* entre o lobo e o cordeiro? É como se disséssemos:

"Explorados e exploradores, uni-vos!", "Devoradores e devorados, combatei o mesmo combate!". O leão devora a gazela, os gatos brincam com suas presas antes de despedaçá-las, as formigas sequestram os pulgões, os chineses criaram uma borboleta (o *Bombyx mori*) para produzir seda, os egípcios se cercaram de mangustos para se livrar das serpentes, os homens domesticaram os cães (a partir do lobo, do chacal e do coiote)[26] para usá-los como ajudantes de caça, domesticaram grandes herbívoros que eram consumidores primários e lhes forneciam carne e leite etc. Tudo isso não é nem bom nem mau.

Nós somos animais sensíveis. Existem outros. Nem por isso há uma comunidade moral de seres sensíveis. Não podemos dizer ou pensar "nós, os seres sensíveis" – comunidade particularmente vaga e indeterminada (sensíveis a quê e como?). É necessário ser humano para pensar "nós". E se, por mais impossível que seja, houvesse um nós de lobos, ele não ultrapassaria os limites da espécie (especismo) e talvez nem sequer os da matilha. Nós somos iguais *enquanto* nós: enquanto franceses, ou enquanto proletários, ou enquanto mulheres, ou enquanto humanos... e não enquanto animais, ainda que sensíveis. A função e o efeito do nós é instaurar essa igualdade, tanto quanto reconhecê-la.

DAS PESSOAS

Apesar de pertencer à espécie biológica *Homo sapiens*, que é incontestavelmente uma espécie animal, as pessoas não são animais. As pessoas formam uma comunidade moral de direitos e deveres recíprocos e absolutos. A ética dessa comunidade é de terceira pessoa: é uma comunidade de iguais. Pode haver justiça nessa comunidade: para iguais, direitos iguais, partes iguais ou proporcionais. Apesar de dispensarmos unilateralmente nosso cuidado (*care* e *cure*) a bebês, crianças e pessoas em situação de deficiência ou dependência, eles não são pacientes morais, mas membros de nossa comunidade moral. A identificação dessas

---

26 Digard, op. cit., p.117.

pessoas a animais na categoria de pacientes morais é chocante para o humanista. Temos deveres absolutos para com toda *pessoa* enquanto tal, com todos os indivíduos humanos desde seu nascimento até sua morte cerebral. Não temos nenhum dever absoluto para com a vida em geral, ou esses deveres nos obrigariam a respeitar as 250 espécies de micro-organismos que hospedamos em nosso intestino. E, à parte as crenças religiosas, não temos nenhum dever absoluto para com a vida humana como tal, porque esse sintagma serve sobretudo para justificar a proibição do aborto e da eutanásia dos organismos em estado vegetativo. Sentimos que poderíamos ser qualquer outra pessoa, reconhecemos que podemos dialogar, trocar e formar comunidade como qualquer outra pessoa, sabemos que fomos bebês, que podemos vir a desenvolver uma deficiência, e sentimos ter o dever de cuidar, ajudar e educar. Isso somos nós. No entanto, a menos que acreditemos na transmigração das almas, não acreditamos que fomos um micro-organismo, um besouro, uma pomba, uma carpa ou uma hiena em vidas passadas. Não somos apenas animais sensíveis, somos pessoas.

Entrecruzamento das éticas da segunda e da terceira pessoas

Temos deveres para com os animais. São deveres relativos, não absolutos, porque a vida de uma pessoa é incomensurável com a de um animal. Visto que até mesmo os partidários da continuidade homem-animal devem reconhecer a especificidade ética do homem (sob pena de contrassenso),[27] visto que até mesmo os partidários dos direitos dos animais devem admitir que esses direitos não significam nada mais do que deveres dos homens (sob pena de contradição),[28] resta definir os deveres racionais dos homens para com os "outros animais" – os bichos – segundo um programa que só pode ser antropocêntrico e humanista.

---

27 Cf. acima p.51.
28 Cf. acima p.45-50.

O Animal não existe. O Homem não existe. Não há nem carrasco nem vítima, e os homens são ora um, ora outro, e muitas vezes nem um nem outro. Existem homens. Existem modos de viver, condições sociais e histórias. Mil histórias entre homens e animais, às vezes belas, às vezes trágicas: o caçador, seu cão e a inteligência comum de ambos sobre a caça; o pescador sereno e sua sabedoria haliêutica; o criador prudente e o amor que têm por seus animais; a unidade indefectível entre o cavaleiro e sua montaria; o instinto do domador subjugando seu comparsa; o indiano encantando a naja; os aldeões despertando com o canto do galo. Há também mil histórias de luta contra os animais que destroem culturas e rebanhos, gafanhotos, pombões, coelhos, fuinhas, javalis. Mil relatos de domesticação, amizade, convivência, respeito, admiração ou combate – que não poderiam ser resumidas a essas duas patologias contemporâneas: a coisificação de certos animais de abate e a personificação de certos animais de estimação.

Os deveres que temos para com os animais devem se subordinar às éticas da segunda pessoa (ética do cuidado, da proteção) e da terceira pessoa (ética da justiça). Devem se subordinar à ética da segunda pessoa, pois temos tendência a socorrer todo ser que esteja sofrendo. Mas não devem se subordinar apenas a essa ética, porque não temos o dever de eliminar todo o sofrimento dos animais do planeta nem impedir todo tipo de predação – isso seria contrário à própria vida animal. Esses deveres devem se subordinar também a uma ética da terceira pessoa. A questão, portanto, é a seguinte: que tipo de tratamento é *justo*, segundo o tipo de animal, o tipo de relação que temos com ele e o tipo de *comunidade* implícita que formamos com ele?

As relações que estabelecemos com os outros animais são infinitamente variadas. Foi também através delas que a humanidade se construiu. Há os animais selvagens e os domésticos, mas essa divisão é estanque demais: há os animais familiares e os comensais, os domésticos, os domesticados, os domados, os amestrados, os cativos, os confinados, os criados, os aclimatados etc. Em teoria, as regras de boa conduta deveriam ser adaptadas a cada espécie, ou a cada caso particular, em seu próprio contexto social, cultural e antropológico. Há espécies com as quais convivemos como camaradas, as com que brincamos, as que domesticamos, amestramos, reverenciamos, admiramos, adoramos (mas isso não nos impede de usar seus produtos nem de comê--las), e há as que tememos, caçamos, combatemos, evitamos ou gostaríamos de poder eliminar. A variedade de formas de amizade e inimizade é imensa. Todas essas relações, todas essas práticas, todas essas emoções nos impõem obrigações diferentes. Não em relação aos animais em geral (que deveríamos libertar), mas em relação às diferentes faunas das quais a história nos deu a guarda.

Em uma primeira abordagem, podemos distinguir três grandes classes de relações que implicam três tipos de comunidade. Como todas as comunidades, cada uma tem uma finalidade e se baseia em interesses comuns ou recíprocos de seus membros e, portanto, numa espécie de "contrato" implícito.[29]

Há, em primeiro lugar, a comunidade que formamos com nossos animais de estimação. As raças desses animais foram criadas para essa finalidade e não temos nenhuma razão para querer eliminá-las. Não temos nenhuma razão para causar sofrimento às pessoas a quem esses animais oferecem companhia ou outro tipo de utilidade. Não temos nenhuma razão para querer destruir essas comunidades em nome da utopia abolicionista e do direito dos animais de viver sem nós. Ao contrário, eles têm o direito de não ser abandonados à beira da estrada em um fim de semana de verão. Em rigor, temos o dever de respeitar o contrato implícito que estabelecemos com eles, e que as regras de convivência confirmam permanentemente. Damos a eles comida, amizade e proteção; recebemos presença, amizade e às vezes proteção. Damos nossa afeição a eles em troca da afeição deles. Não temos o direito de trair essa relação. Seria injusto.

Há, em segundo lugar, as comunidades que formamos com os animais domésticos, segundo o contrato implícito que estabelecemos com eles. A domesticação nunca foi pura subjugação

---

29 A filosofia epicurista antiga (cf. Lucrécio, *Da natureza*, V, 860-71) defende a ideia de que nossas relações com os animais, assim como as relações de justiça entre os humanos, dependem de uma espécie de contrato implícito que consiste em não causar mal um ao outro e, se possível, ajudar-se mutuamente.

unilateral: muitas vezes ela precisou de uma longa adaptação (pois poucas espécies se mostraram domesticáveis); às vezes uma familiarização mútua, uma subjugação recíproca, outras vezes – mas nem sempre – uma apropriação, um simples aproveitamento das qualidades morais ou das capacidades físicas naturais. As formas e os objetivos da domesticação são muito variados. Depois que os animais de trabalho praticamente desapareceram do campo, uma categoria fundamental é a dos "animais de renda", como diz o Direito europeu: trata-se dos animais que são criados por seus produtos. O contrato implícito de domesticação desses animais é simples: eles nos dão sua carne, seu leite, seus ovos, seu couro, sua lã etc. e, em troca, temos o dever de criá-los em condições que os preservem de seus predadores e respeitem as exigências biológicas de suas espécies. Não é proibido matá-los, já que eles vivem e são criados para isso em geral. Mais precisamente, a criação deve respeitar as cinco condições do bem-estar animal,[30] o que denominamos as normas dos bons-tratos. A maioria dos criadores conhece e respeita essas normas, não apenas porque ama seus animais, mas também porque sua produtividade depende disso. E eles são os primeiros a sofrer quando não podem criá-los em condições ótimas em consequência de circunstâncias naturais, restrições do mercado ou pressão produtivista dos circuitos de distribuição e dos consumidores.

Há, grosso modo, uma terceira categoria: a dos animais selvagens. Não estabelecemos relações particulares com eles, nem com suas espécies – como no caso anterior –, nem com os indivíduos – como no primeiro caso. Nossas relações não podem ser individualizadas, mas isso não nos impede de sentir compaixão por eles: nada nos proíbe de socorrer o pássaro que caiu do ninho ou soltar a lebre presa na armadilha do caçador. Não obstante, compartilhamos com os animais selvagens uma imensa comunidade: não a comunidade animal, mas a comunidade biótica. E, do papel considerável de conquistador ou destruidor que tivemos no passado e temos ainda hoje no planeta, herdamos a responsabilidade de preservar essa comunidade biótica. Temos um contrato

---

30 Cf. p.39.

com a vida que é também um contrato com nós mesmos: preservar a todo custo a vida terrestre e assim assegurar a perenidade da vida humana. Devemos respeitar os equilíbrios ecológicos, lutar contra o esgotamento dos recursos haliêuticos e cinegéticos e defender a biodiversidade, ora em proveito de espécies ameaçadas, ora em detrimento de espécies excedentes. Mas não há nenhuma razão para se proibir a caça esportiva ou as diversas competições com animais selvagens (rodeio, touradas[31] etc.), se forem preservadas as condições naturais de vida desses animais que contribuem, como geralmente é o caso, para a biodiversidade e a riqueza dos ecossistemas naturais.

Há outros tipos de animais que não se integram às comunidades precedentes. Temos relações com espécies que não são nem selvagens nem domésticas, nem de renda nem de estimação, e que são criadas ou usadas por seu valor em ritos ou práticas esportivas: abates religiosos, cerimônias de sacrifício, corridas de cavalos, adestramento, delfinários, circos, zoológicos, aos quais podemos acrescentar caça e pesca esportiva, rodeios etc. Nesse caso, não há e não pode haver critério de justiça, porque não pode haver comensurabilidade possível entre os prazeres dos humanos e os sofrimentos dos não humanos. Ninguém dispõe de um instrumento de medida para comparar o prazer do pescador ao sofrimento do peixe. (Esse sofrimento é maior quando o peixe se debate no anzol do que quando é devorado por um bagre?) É provável que as corridas de cavalos provoquem estresse nos animais, e talvez até dor. Mas como comparar esse sofrimento às alegrias que elas proporcionam a milhões de aficionados? Obviamente os delfinários privam alguns golfinhos de parte de seu espaço vital, e não é menos óbvio que o fechamento dos delfinários privaria milhares de famílias de um prazer inocente. Como comparar o sofrimento dos carneiros mortos na Festa do Sacrifício ao drama dos muçulmanos se perdessem sua festa? Não existe

---

31 Sobre a questão do estatuto ético do touro de combate, ofereço uma longa explicação em *Philosophie de la corrida*, capítulo 1, De nos devoirs vis-à-vis des animaux en général et des taureaux de combat en particulier. Cf. também Savater, *Toroética: pour une éthique de la corrida*.

comensurabilidade possível. Portanto, não existe uma lição geral. Mas podemos extrair dois conselhos à prudência. O humanismo nos manda preservar todas as práticas que mantenham a diversidade cultural e enriqueçam a humanidade, *sem jamais reduzir os animais a coisas*. O segundo conselho é o negativo do primeiro: devemos evitar estressar, confinar, enjaular ou fazer os animais sofrerem, mas *isso não pode ser o único critério* do valor das práticas humanas, como exige o abolicionista; do contrário teríamos de privar imediatamente a humanidade de um grande número de práticas cultuais, culinárias, investigativas, científicas, artísticas, lúdicas, esportivas e, portanto, de parte considerável dela mesma. Porque nós também somos animais sensíveis.

– 3 –

NO PROLONGAMENTO DO HUMANISMO: A UTOPIA COSMOPOLÍTICA

Entre as duas utopias precedentes, cuja intenção é transcender o político e visar a um ideal além ou aquém do humanismo, existe hoje uma utopia humanista e política? A resposta está na pergunta. Se é humanista e política, ela aspira à *pólis* do mundo humano, é utopia cosmo-polita.

Como suas duas rivais, ela tem seus pensadores, sua visão da humanidade e sua concepção do Bem e do Mal. Também foi objeto de pesquisas acadêmicas entusiasmadas, em especial de filósofos,[1] juristas e cientistas políticos. Mas, ao contrário da primeira utopia, ela não tem um imenso apoio financeiro, científico e técnico. Ao contrário da segunda, não desfruta do apoio global da opinião púbica e não é sustentada por uma enorme rede internacional de militantes: o No Border ainda é um movimento marginal e os altermundialistas dos anos 1990 tinham outros objetivos. O que distingue essa utopia é justamente o contraste

---

1 Limitando-nos às obras filosóficas francesas, podemos apontar, por exemplo, as de Solange Chavel, Michaël Foessel, Pierre Guenancia, Louis Lourme, Alain Policar, Étienne Tassin, Mathilde Unger, Yves Charles Zarka.

entre a atenção crescente que a ideia cosmopolítica vem recebendo nos estudos acadêmicos e a hostilidade igualmente crescente da opinião pública a seu respeito. Os doutos sonham em derrubar as fronteiras, as populações exigem mais muros.

Originalmente, a palavra "cosmopolitismo" designava um estilo de vida individual e uma atitude negativa. "Eu sou cidadão do mundo [*kosmopolités*]", dizia Diógenes, querendo dizer: "Eu não sou cidadão de Sinope". Declarar-se "cidadão do mundo" era (e ainda é muitas vezes) considerar-se contrário a toda forma de obrigação ou crença ligada a uma cidade, nação, cultura etc. É sentir-se em casa em qualquer lugar e estrangeiro em nenhum lugar. Essa atitude existencial pode ser a consequência, ou a causa, do cosmopolitismo teórico que receberá nossa atenção aqui. Na verdade, consideraremos apenas o sentido que o termo adquiriu a partir do período clássico, pelo qual designa um ideal moral, político ou jurídico do qual não exporemos todas as variantes.[2] Como fizemos com as duas utopias precedentes, tentaremos considerá-la globalmente um sintoma de nossa Modernidade, avaliando seus princípios e consequências.

A tradição humanista clássica do cosmopolitismo pode ser definida como uma política de hospitalidade ou acolhida dos estrangeiros, enquanto a utopia cosmopolítica propriamente dita (supra-humanista) será caracterizada pela abolição das fronteiras. "Um dia, os homens não viverão em cidades, mas no mundo. Um dia, não haverá mais estrangeiros, mas concidadãos. O novo homem será cidadão do mundo."

Como a primeira utopia, a utopia cosmopolítica é otimista: crê no progresso e sonha com um futuro radiante para a humanidade. Como a segunda utopia, é cívica: quer alargar nossa comunidade política e fazê-la do tamanho de nossa comunidade moral; mas em vez de conceber a coletividade de todos os seres sensíveis, ela imagina a coletividade de todos os seres humanos.

---

[2] Uma excelente introdução geral a esse conceito e às diferentes teorias que se inspiram nele encontra-se em Lourme, *Qu'est-ce que le cosmopolitisme?*. Em *Le Nouvel Âge de la citoyenneté mondiale*, ele defende o chamado "cosmopolitismo institucional".

Do homem do Iluminismo à revolução cosmopolítica

RETRATO DO HOMEM: NEM HERÓI NEM CARRASCO, MAS POLÍTICO

A imagem do homem que fundamenta a ideia cosmopolita não é nem a de um deus nem a de um animal. É um ser intermediário. Suas técnicas e sua indústria são neutras. Podem servir aos melhores propósitos (habitação, medicamentos etc.) ou aos piores (bomba atômica, desflorestamento em massa etc.). Mas é nas relações com seus semelhantes que o humano é uma faca de dois gumes. Ele é o mais pacífico dos animais quando vive sob boas leis e o mais violento quando escapa à autoridade e se deixa conduzir por suas inclinações. Sua natureza é contraditória porque é um "animal político". De um lado, é naturalmente sociável, tem "tendência a entrar em sociedade", pois "nesse estado sente-se mais do que homem pelo desenvolvimento de suas disposições naturais". De outro, porém, tem uma "aversão geral a fazê-lo, ameaçando continuamente desagregar essa sociedade", pois "encontra em si mesmo o caráter insociável que o leva a querer dirigir tudo a seu gosto".[3] Consequentemente, as Cidades (hoje diríamos os Estados) em que vivem os homens têm duas faces. De um lado, são *sociedades* que lhes possibilitam trocar bens, serviços, ideias ou valores, e dessa forma realizar sua humanidade; de outro, são instâncias de *poder* que lhes impõem – à força – interdições, leis, regras, normas que supostamente impedem ou resolvem os conflitos. Não existe política sem a ideia de uma comunidade separando o "nós" e o "eles" – o que denominamos anteriormente "o político".[4] Mas também não existe política sem uma instância jurídica e policial garantindo a ordem social – o que denominamos anteriormente "a política".[5] Assim, os homens vivem em *paz*, ora oprimidos pelo peso de um poder absoluto,

---

3 Kant, *Idée d'une histoire universelle du point de vue cosmopolitique*, "quatrième proposition".
4 Cf. p.9.
5 Cf. p.9.

tirânico e arbitrário, ora governados por leis justas que lhes permitem desfrutar de uma liberdade igual para todos. Mas a paz que reina à força nas Cidades não evita as guerras entre elas, porque não há um poder que se imponha a elas para constituí-las como uma sociedade global – coisa que gostariam de ser para poder trocar, comercializar ou aproveitar como bem entendessem os recursos umas das outras. Voltamos ao mesmo problema. Os Estados são como os indivíduos: naturalmente sociáveis *e* insociáveis. O estado de guerra, conquista ou sujeição é permanente ou sempre iminente; cada Estado é forçado a armar-se com o objetivo de se preparar para conquistar os outros ou defender-se deles.

A humanidade não é definida por sua relação com a natureza: ela não é nem heroica e vencedora graças à sua técnica triunfante, como na utopia pós-humanista, nem usurpadora e exploradora graças à sua técnica destruidora, como na utopia abolicionista. O que caracteriza os homens não é o antagonismo que os opõe à natureza, mas o antagonismo que os opõe entre eles ou entre os Estados em que eles vivem para remediar esse antagonismo.

A CONSTATAÇÃO HUMANISTA

O cosmopolitismo humanista clássico repousa sobre a constatação dessa guerra permanente. Afora as relações entre cidadãos e as relações entre Estados, deve haver relações entre os cidadãos e o mundo. A ideia é sair dessa guerra sem fim, ou ao menos garantir que os cidadãos das diversas Cidades possam ir e vir no mundo sem ser tratados como inimigos no estrangeiro. Garantir a paz internacional ou regrar a situação dos estrangeiros continuarão a ser os objetivos do cosmopolitismo.

Esse segundo objetivo é o que almeja o "Terceiro artigo definitivo" de *A paz perpétua*, de Kant – a exposição mais clara e mais famosa do cosmopolitismo iluminista.

> O direito cosmopolítico deve limitar-se às condições de uma hospitalidade universal. Hospitalidade significa simplesmente o direito

de cada um de não ser tratado como inimigo no país onde esteja. Este pode recusar-se a recebê-lo, mas apenas se puder fazê-lo sem comprometer sua existência; porém não pode mostrar-se hostil a ele, enquanto ele se mantiver pacificamente em seu lugar. O estrangeiro não pode invocar um *direito de acolhida* – pois seria exigido de sua parte um contrato particular de beneficência que o tornaria habitante da casa por algum tempo –, mas um *direito de visita*, o direito que possuem todos os homens de propor-se como membro da sociedade, graças ao direito de posse comum da superfície da terra, na qual, sendo ela esférica, eles não podem espalhar-se ao infinito; portanto, eles têm de suportar uns aos outros, uma vez que ninguém tem originalmente mais direito de estar em um lugar da terra do que em outro.[6]

Há aqui uma invenção extraordinária no princípio, ainda que mínima nas consequências. O "direito de Estado" tenta regular as relações internas entre concidadãos; o "direito internacional" (denominado antigamente "direito das gentes") tenta regular as relações externas virtualmente antagônicas entre Estados soberanos (sendo cada Estado visto como um indivíduo); Kant estabelece as bases de um terceiro nível de direito – "cosmopolítico" – que regula diretamente as relações entre os cidadãos e os Estados do mundo, ou entre cada Estado e os cidadãos do resto do mundo. Logo, os homens são considerados ao mesmo tempo cidadãos de seu próprio Estado e cidadãos do mundo.

Contudo, essa cidadania do mundo é mínima. Ela não elimina a diferença entre cidadão e estrangeiro, mas, ao contrário, supõe-na, porque os homens não podem viver senão em Estados. O direito cosmopolítico apenas permite aos estrangeiros ir a outro Estado, mas não exige que tenham o direito de instalar-se nele. Contudo o "direito de visita" confere-lhes um estatuto jurídico e uma proteção que se sobrepõem à soberania dos Estados – os quais, em geral, vinculam o direito de entrada no país à obtenção de um visto que continua subordinado à sua vontade.[7] Mesmo

---

6 Kant, *Projet de paix perpétuelle*.
7 Cf. as observações de Chauvier, *Du Droit d'être étranger: essai sur le concept kantien d'un droit cosmopolitique*, em especial p.167-96. Lourme (op. cit., p.111)

modesta, a cidadania do mundo é possível sob certas condições típicas do humanismo iluminista. O fato é que a exiguidade do mundo é plenamente assumida: como a Terra é esférica, "os homens não podem espalhar-se ao infinito"; querendo ou não, eles se encontram: circulando sobre a Terra, forçosamente chega-se a um país estrangeiro. E, graças aos progressos dos meios de comunicação e transporte, "as relações [...] que predominam comumente entre os povos da Terra, hoje, chegaram a um ponto que uma violação do Direito em um único lugar repercute em todos os outros";[8] em outras palavras, ela não só é conhecida, como também é vivida por toda parte como uma *violação* dos direitos humanos.

Esse direito dos estrangeiros contribui para a paz entre os Estados. Mas, para que ela se realize, são necessárias ao menos duas condições: uma da competência do direito de Estado e a outra do direito internacional. A primeira condição é que cada Estado seja uma "república", isto é, institua um governo representativo, respeite os direitos humanos, separe os poderes executivo e legislativo e promova a liberdade e a igualdade de todos perante a lei (garantindo que os mesmos que declaram a guerra façam a paz!).[9] A segunda condição é que todos os povos se aliem em uma "Federação dos Estados livres" que encerre "o estado de natureza que reina entre os Estados" – que pode ser comparado à lei do mais forte entre homens em estado de natureza. Por essa "aliança dos povos", que se ampliará progressivamente, cada Estado renunciará por si próprio à guerra para conquistar a paz, do mesmo modo que os concidadãos de uma república vivem em paz graças à comunidade das leis do Estado.

Como o progressismo médico ou o bom tratamento dos animais, portanto, o cosmopolitismo kantiano, um dos principais representantes do espírito humanista do Iluminismo, está longe de ser utópico. Cioso do realismo, Kant evita, por exemplo, suprimir as fronteiras, uma vez que os homens, dada sua natureza, só

---

compara o "direito de visita" kantiano ao tratamento dado à circulação de estrangeiros no Espaço Schengen, na Europa, a partir da Convenção de 1990 (fim do controle de pessoas nas fronteiras existentes dentro desse espaço).
8 Kant, *Projet de paix perpétuelle*, "Troisième article définitif".
9 Ibid., "Premier article définitif".

podem viver em Cidades. Ele abre mão de um "Estado mundial" (*Weltrepublik*) – que denomina "Sociedade das Nações"[10] – argumentando que essa "monarquia universal" tenderia inevitavelmente ao "despotismo", embora pareça a solução ideal para o mal (a guerra).[11] E, por fim, o cosmopolitismo kantiano não é utópico porque o projeto de uma Federação dos Estados livres já foi realizado em parte. Não pela falecida Sociedade das Nações, ou pela atual Organização das Nações Unidas (cuja impotência é criticada, mas ninguém imagina como seria se ela não existisse), embora tenham sido direta e explicitamente inspiradas no projeto kantiano, mas pela construção da União Europeia, que redescobriu os princípios e a finalidade do projeto de *A paz perpétua*: ela responde ao desejo de seus pais fundadores – e ao objetivo de Kant – de garantir uma paz duradoura entre os povos, depois dos imensos desastres que foram as duas guerras mundiais. Além disso, como recomendava Kant, ela foi construída inicialmente em torno de nações comprometidas com o processo de paz, para então se ampliar progressiva e exclusivamente às nações que aderissem aos seus valores fundadores: a democracia e os direitos humanos, os únicos capazes de garantir a paz.

REVOLUÇÃO SUPRA-HUMANISTA

Esse é o projeto humanista do Iluminismo. Mas a utopia cosmopolítica não é isso. Como as duas utopias anteriores, ela é revolucionária. Porém, ao contrário delas, não rompe com os princípios do humanismo para transcendê-lo: ela absolutiza os princípios do humanismo para realizar sua ideia. Por isso merece ser defendida, mesmo que pareça a mais ilusória das três.

Partir a história ao meio: os homens sempre viveram em Cidades, separando os cidadãos dos estrangeiros, mas não haverá

---

10 Id., *Idée d'une histoire universelle d'un point de vue cosmopolitique*, "septième proposition".
11 Id., *Projet de paix perpétuelle*, premier supplément: "As leis perdem energia quando o governo ganha extensão; e um despotismo que, matando as almas, sufoca os germes do bem degenera, cedo ou tarde, em anarquia".

mais estrangeiros, todos serão cidadãos do mundo. A teoria política sempre foi pensada no interior de uma Cidade, mas terá de ser concebida para a toda a humanidade, isto é, no mundo. Mesmo as utopias políticas sempre se situaram em algum lugar fora do mundo, nunca transformaram o próprio mundo em uma Cidade.

A utopia cosmopolítica é uma utopia em segundo grau. Uma utopia além de todas as utopias – que sempre circunscreveram o imaginário à Cidade. Não se trata mais de conceber uma *Calípolis*, uma Cidade ideal, ou uma *Zoópolis* protegida por fronteiras que abrigam cidadãos privilegiados. Não se trata mais de pensar que essa Cidade será em algum outro lugar, em "nenhum lugar" (*ou-tópos*, u-topia): ela será aqui, no mundo; ela será o mundo. Pois mesmo um Estado ideal, uma república fraterna ou uma Cidade perfeitamente justa sempre se baseiam na distinção entre interior e exterior, cidadão e estrangeiro, território de dentro (o nosso) e território (o do outro). Na utopia cosmopolítica, não existe distinção entre interior e exterior, consequentemente não existe distinção entre política e moral.

Suponhamos a melhor Cidade em algum lugar do mundo, uma comunidade política livre e justa: seus habitantes gozam de uma distribuição equilibrada de bens e direitos. Suponhamos que esses habitantes sejam bons, os melhores homens do mundo: eles são acolhedores e o mais hospitaleiros possível com seus "visitantes", imigrantes de todos os tipos (pobres, refugiados, perseguidos de regimes tirânicos, expulsos de Estados em guerra, fugindo de Cidades inabitáveis, destruídas ou invadidas pelo aumento do nível do mar causado pelo aquecimento global). Os cidadãos da Cidade reconhecem que esses "estrangeiros" são humanos como eles, portanto mantêm relações morais com eles. Eles os recebem na casa deles. Incondicionalmente. Sem exigir seus documentos. Mas a casa é "deles"! Os estrangeiros continuam estrangeiros e não têm acesso à Cidade, a seus bens e direitos, pois não são cidadãos da Cidade. Embora os concidadãos sejam membros de uma comunidade política perfeitamente justa e de uma comunidade humana perfeitamente virtuosa, haverá sempre uma distância, um fosso intransponível e, por assim dizer, uma *fronteira* entre a política e a moral. Política ideal entre eles;

moral perfeita para os outros. No entanto, na utopia cosmopolita, a política é diretamente moral – o que não quer dizer que seja benevolente ou fraterna, como na ética em segunda pessoa: não há nem hospitalidade nem acolhida dos estrangeiros,[12] porque não há nem estrangeiros nem fronteiras. E sem esse ideal cosmopolítico, sem essa utopia ao quadrado que reconcilia a política e a moral, nem a comunidade política pode ser justa nem a comunidade moral pode ser humana.

AS DUAS FORMAS DO MAL: A GUERRA E A ESTRANEIDADE

A utopia tem duas razões de ser, porque, para o cosmopolita, o Mal tem duas formas: a guerra, como já sabia o humanismo clássico,[13] e a estraneidade, que ele se negava a enxergar.

A estraneidade não são os estrangeiros, mas a condição de estrangeiro, isto é, o fato de que ela é incessantemente criada. E de duas formas, porque o estrangeiro também tem duas faces: interior e exterior. O estrangeiro criado do interior é análogo ao cidadão, trabalha como o cidadão, mas não tem os direitos do cidadão. O estrangeiro é produto do discurso identitário (uma resposta errada à pergunta: "Quem somos nós?"), que, por sua vez, é apenas o subproduto do discurso xenofóbico:

> O estrangeiro está aqui como nós, mas não é daqui como nós. O estrangeiro não tem nossa cor nem nossa cultura. Não reza como nós, não se veste como nós. Se ele é parecido conosco, é para se confundir conosco e se fundir conosco. O estrangeiro nos ameaça: ele invade nossa terra, envenena nossa água, rouba nossos bens, usurpa

---

[12] Podemos encontrar uma crítica política muito judiciosa ao vocabulário da hospitalidade para pensarmos a questão da imigração em Bessone, Le vocabulaire de l'hospitalité est-il républicain?, *Éthique Publique*, v.17, n.1. Disponível em: <http://ethiquepublique.revues.org/1745>. Acesso em: 18 maio 2018.

[13] Seguindo uma linha kantiana, Michaël Foessel defende a ideia de que "o cosmopolitismo favorece a paz". Cf. Foessel, Le cosmopolitisme sans la paix? In: Foessel; Lourme (orgs.), *Cosmopolitisme et démocratie*.

nossas prestações sociais, estupra nossas mulheres, sequestra nossos filhos. O estrangeiro deve retornar ao estrangeiro.

Esse discurso se autoalimenta, visto que, em geral, sua prolixidade é inversamente proporcional ao número real de "estrangeiros": os países, as cidades, os bairros mais cosmopolitas são os menos xenofóbicos.

O estrangeiro interior vive em geral do lado de lá de uma via marginal. O estrangeiro exterior vive do outro lado do *check-point*, do Muro ou do Mediterrâneo. Ele não é resultado da natureza ou da história, mas da fronteira.

Mas a guerra e a estraneidade são de fato dois males diferentes? Elas não são o mesmo mal, sendo a guerra o seu efeito e a fronteira a sua causa? Se não houvesse distinção entre o cidadão e o estrangeiro, haveria guerras? Não é aceitando a divisão da terra em Estados soberanos, e reconhecendo a distinção entre "nacionais" e "estrangeiros", como acreditava o filósofo iluminista, que estabeleceremos a paz. Talvez fosse o caso, se essas divisões fossem claras e reconhecidas. Mas elas não são e nunca foram, e é por isso que os Estados entram em guerra. Se suprimirmos as fronteiras, eliminaremos as guerras, do mesmo modo que curamos um mal destruindo o agente patogênico.

Mas, diz o objetor, a humanidade poderia prescindir de uma realidade "tão antiga quanto a humanidade", ou ao menos "tão antiga quanto a civilização"?

Na verdade, responde o cosmopolita, a fronteira e suas restrições (documento de identidade, passaporte, visto) são invenções recentes. Lembramos o que diz Stefan Zweig em *O mundo de ontem*:

> Talvez nada torne mais patente o formidável retrocesso que o mundo sofreu desde a Primeira Guerra Mundial do que as restrições impostas à liberdade de movimento dos homens e, de modo geral, a seus direitos. Antes de 1914, a terra pertencia a todos os homens. Sempre me diverte o assombro dos jovens quando lhes conto que antes de 1914 eu viajava à Índia e aos Estados Unidos sem passaporte, sem nunca ter visto um. Embarcávamos e desembarcávamos do trem sem perguntas, sem que nos dissessem nada. Não existiam

nem autorizações, nem vistos, nem providências maçantes: as fronteiras [...] não representavam nada mais do que linhas simbólicas que atravessávamos com tanta indiferença quanto atravessaríamos o meridiano de Greenwich.

A introdução do regime de passaportes obrigatórios data da Primeira Guerra Mundial. Em 1919, o Tratado de Versalhes criou a Sociedade das Nações e restabeleceu a liberdade de locomoção que vigorava antes da guerra. Em 1920, a Conferência de Paris discutiu a adoção de um passaporte uniforme, idêntico para todos os países, para facilitar a liberdade de locomoção dos trabalhadores. Em 1948, os signatários da Declaração Universal dos Direitos Humanos comprometeram-se a garantir o direito de "todo ser humano [...] de deixar qualquer país, inclusive o próprio". Mas o compromisso sucumbiu à realidade. Fronteiras foram constantemente materializadas, criadas, planejadas à distância:

> Vinte e sete mil quilômetros de novas fronteiras foram criados desde 1991, especialmente na Europa e na Eurásia. Dez mil quilômetros de muros, barreiras e sofisticadas cercas estão programados para os próximos anos [isso foi escrito em 2010]. Entre 2009 e 2010, o geopolítico Michel Foucher recenseou 26 casos de conflitos sérios em fronteiras entre Estados.[14]

As fronteiras não são naturais, racionais ou atemporais. São a causa, mas muitas vezes são também a consequência dos conflitos, como mostra a história da Europa nos séculos XIX e XX, até as guerras da ex-Iugoslávia. Estão continuamente em disputa no Oriente Médio, na Rússia e até mesmo no coração da "velha Europa" (Catalunha, Escócia, Irlanda). Na África, o traçado das fronteiras é herança do colonialismo e corresponde tão raramente aos limites naturais e tão pouco ao sentimento dos povos que as construções estatais que as herdaram têm sérias dificuldades para formar sua unidade política.

---

14 Debray, *Éloge des frontières*. Ao contrário da tese, o autor sustenta que as fronteiras seriam fatores de cosmopolitismo e hospitalidade, portanto de paz.

Mas e as "nações", prossegue o objetor? Elas não são as "comunidades de destino" (*Schicksalsgemeinschaft*) elogiadas por tantos apologistas das raízes e filósofos da terra, a começar por Heidegger? Basta fazer as fronteiras dos Estados coincidirem com as fronteiras históricas, como exigem os nacionalistas desde o século XIX, para que os conflitos acabem.

Na verdade, responde o cosmopolita, as nações, mesmo na forma de Estado-nação, não são a solução, mas parte do problema. As nações são a causa da guerra, ou melhor, os nacionalismos. Porque as nações não têm nenhuma realidade. Não são nem a forma natural de classificar os homens, dada por Deus, nem comunidades que atravessem a história na memória dos povos. Como mostraram diversos historiadores com o auxílio de inúmeros exemplos,[15] os fenômenos de construção nacional e nacionalismo são consequências da Modernidade (fim da monarquia de direito divino, industrialização etc.). A suposta "identidade partilhada" é construída para privilegiar certo modo de identificação em detrimento de outros. Em casos extremos (invasões, colonizações, imigrações, guerras), ela tem de suplantar outros tipos de vassalagem: um inimigo interno ou externo, real ou imaginário, possibilita a mobilização nacionalista que produzirá a identidade nacional. A história nos ensina a desconstruir os mitos inconsistentes nos quais a nação se apoia: ora se evoca uma comunidade de vocabulário ou língua (basco, tâmil), embora as línguas nacionais sejam quase sempre construções semiartificiais e os principais movimentos não estatais de unidade nacional datem da primeira metade do século XIX (Alemanha e Itália); ora se evoca uma identidade de origem étnica (segundo uma ideologia que aparece no fim do século XIX a partir de teorias pseudocientíficas); ora uma comunidade cultual ou religiosa; ora uma tradição política (Iugoslávia, Nigéria). Às vezes, o nacionalismo se apoia em culturas preexistentes para transformá-las em nações, às vezes as

---

15 Resumimos livremente, nesse parágrafo, as teses mais evidentes das obras de Gellner, *Nations et nationalisme*; Hobsbawm, *Nations et nationalisme depuis 1780: programme, mythe, réalité*; e Anderson, *L'Imaginaire national: réflexions sur l'origine et l'essor du nationalisme*.

inventa, ou então as sincretiza, e frequentemente as oblitera. A nação é uma comunidade política imaginária. Na verdade, não são as nações que produzem os nacionalismos que funcionam como consciência delas, mas o inverso: é o nacionalismo que produz a nação (na Itália, os nacionalistas da Liga do Norte inventaram a Padânia). Não é nem o sangue, nem o solo, nem a memória histórica que constituem as identidades nacionais – que, como as "tradições", são sempre misturadas, polêmicas, inventadas ou reconstruídas.

As nações não são mais bem fundamentadas do que o traçado das fronteiras, e não é tentando ajustar uma pela outra que resolveremos os conflitos. Ao contrário: as depurações étnicas, os extermínios em massa e até mesmo os genocídios nasceram dessa ideia ilusória. Logo devemos abolir as fronteiras. Devemos ser cidadãos do mundo.

Contexto

REALIDADES

O cosmopolitismo se alimenta de diversas realidades opostas. Por um lado, as imigrações estão crescendo: não apenas Sul-Norte, como se imagina, mas em todas as direções e, principalmente, Sul-Sul. O desejo de imigrar é planetário,[16] por pressão das guerras, dos conflitos, do aquecimento global e, sobretudo, da miséria; a própria imigração está crescendo: por todas essas razões, mas também, paradoxalmente, pela alta geral do nível de renda e educação – porque os mais instruídos e os menos pobres são mais aptos a imigrar. Por outro lado, as fronteiras estão se fechando, gerando crises humanitárias, acampamentos improvisados, "selvas", clandestinos etc. "Era mais fácil atravessar o Atlântico no século XIX do que o Mediterrâneo hoje [...] Em 1903, por exemplo, mais de 12 mil imigrantes podiam desembarcar em um único

---

16 Le Bras, *L'Âge des migrations*.

dia no porto de Ellis Island."[17] O antigo direito de asilo, que remonta à Antiguidade e foi formalizado em 1951 pela Convenção de Genebra relativa aos refugiados, tornou-se letra morta depois do fechamento administrativo das fronteiras da Europa, da terceirização do asilo e das políticas anti-imigratórias, a ponto de a taxa de indeferimento de pedidos de asilo chegar hoje, na Europa, a quase 100%. Como sair desse círculo infernal: um mundo cada vez mais fechado para indivíduos que aumentam cada vez mais em número e mobilidade? Já que o remédio parece agravar a doença, por que não inverter o diagnóstico, pergunta o cosmopolita? Assim como a proibição do consumo de drogas só aumentou a criminalidade, sem trazer melhoria para a saúde pública, a construção de muros só aumentou a criminalização dos imigrantes e a insegurança dos nativos, sem diminuir as taxas de imigração. Devemos mudar radicalmente o método: da mesma forma que outros propõem descriminalizar o uso de entorpecentes, devemos descriminalizar a imigração, derrubando as fronteiras e aceitando a livre circulação internacional dos seres humanos.

REPRESENTAÇÕES

Também encontramos dois fenômenos opostos, no que se refere às representações.

Por um lado, os nacionalismos populistas estão avançando em quase todo o mundo, acelerando as políticas anti-imigratórias e as ideologias xenofóbicas. Mas, por outro, o sentimento de estraneidade está diminuindo sob a influência de dois fenômenos distintos: a "mundialização" e a "cosmopolitização".

Os efeitos da mundialização – seria mais adequado denominá-lo "globalização" (mercado mundial, aceleração e democratização dos transportes, instantaneidade das telecomunicações, internet, redes sociais) – são conhecidos. Cada dia mais – e isso

---

17 Atal; Dumitru, Pourquoi penser l'ouverture des frontières, *Éthique Publique*, v.17, n.1. Disponível em: <http://ethiquepublique.revues.org/1727>. Acesso em: 18 maio 2018.

é um truísmo – a "consciência planetária" aproxima os *indivíduos* do mundo inteiro, isto é, eles estão cada vez mais próximos uns dos outros e são cada vez menos diferentes. Há mais de 230 anos, Kant já diagnosticava: "As relações [...] que prevalecem normalmente entre os povos da terra chegaram a tal ponto que uma violação de direitos em um lugar é sentida em todos os outros". O que dizer da nossa época então, que tem 4 bilhões de internautas e 2 bilhões de usuários do Facebook? Hoje, não são apenas as elites letradas ou as classes dominantes que sabem o que está acontecendo do outro lado do planeta e se comovem; são os cidadãos do mundo. Nem é preciso dizer que nunca um atentado, uma crise alimentar ou um massacre do outro lado do planeta pareceram tão próximos; nunca a humanidade sofrida pareceu mais igual à humanidade poupada – para o bem e para o mal. É óbvio que esse mundo conectado também tem um efeito inverso: o sentimento de identidade graças ao qual os internautas planetários se comunicam contribui para o aumento da consciência das desigualdades que os separam e a frustração legítima dos que são excluídos dos "benefícios da globalização"[18] por barreiras de todos os tipos (econômicas, políticas, jurídicas). A ideia de que elas são arbitrárias e injustas vem crescendo. Essa consciência funciona no mesmo sentido da consciência cosmopolítica, como tivemos oportunidade de ver na Primavera Árabe ou todos os dias na China ou até mesmo na Coreia do Norte.

Mas o desenvolvimento das ideias cosmopolíticas deve-se sobretudo a um conjunto de fenômenos que podemos classificar sob o artigo geral de "cosmopolitização".

COSMOPOLITIZAÇÃO REGIONAL: A CONSTRUÇÃO DA EUROPA

Pela primeira vez desde o início da Modernidade, alguns Estados decidiram abdicar, apesar de nenhuma necessidade imediata os obrigar, de uma pequena parte de sua soberania, seguindo

---

18 Como mostrou Cohen em *La Mondialisation et ses ennemis*.

o método (progressivo) e os valores ("a única fronteira determinada pela União Europeia é a da democracia e dos direitos humanos")[19] preconizados por Kant, e com um intuito que recuperava o seu: estabelecer uma paz duradoura em "um continente enfraquecido por duas guerras sangrentas".[20] Outros fatores influenciaram a construção europeia (considerações geoestratégicas da parte dos Estados Unidos, acesso a um grande mercado para a Grã-Bretanha e antigos países do bloco soviético); todavia, afora todas as críticas ao funcionamento da União Europeia, aos seus retrocessos ou à sua incapacidade de fazer seus vizinhos orientais respeitarem seus valores fundadores, ela continua a ser um exemplo, senão um modelo, de cosmopolitização processual bem-sucedida.[21]

Uma vez que o processo de construção da União Europeia já corresponde às exigências do projeto kantiano, seria possível ampliá-lo deliberadamente em um sentido mais cosmopolítico, dando alguns passos que Kant não tinha a intenção de dar. Foi o que propôs Jürgen Habermas no bicentenário de *A paz perpétua*. Kant não ousou emancipar-se da soberania de Estado e transcender o nível de uma Federação dos Estados livres, porém Habermas observa, por simples questão de coerência, que "a chave do direito cosmopolítico reside no fato de que ele diz respeito, para além dos sujeitos coletivos do direito internacional, ao *status* dos sujeitos de direito individuais, constituindo para estes últimos um pertencimento direto à associação dos cosmopolitas livres e iguais".[22] Logo a Europa não deve unir os Estados europeus, mas os cidadãos europeus. Da mesma forma, uma ONU reformulada como uma "democracia cosmopolítica" tem de representar os "cidadãos do mundo" para poder "agir internacionalmente, nas

---

19 Preâmbulo da Declaração de Laeken sobre o futuro da União Europeia em 15 de dezembro de 2001, que acrescenta: "A União [Europeia] é aberta apenas aos países que respeitam valores fundamentais como eleições livres, respeito às minorias e Estado de direito".
20 Id.
21 A expressão é de Francis Chevenal, mas Jean-Marc Ferry a toma para si no excelente Fédéralisme ou cosmopolitisme: quel principe politique pour l'Union européenne?, in: Foessel; Lourme (orgs.), op. cit., p.13-33.
22 Habermas, *La Paix perpétuelle: le bicentenaire d'une idée kantienne*, p.57.

diferentes regiões do planeta", e fazer valer os direitos humanos.[23] As competências da Corte Penal Internacional de Haia têm de ser ampliadas, e ela terá de ser capaz de autoprovocar-se e ser provocada pelos cidadãos em caso de conflito entre eles ou com seus governos.[24] Em resumo, "em nome do direito cosmopolítico, [é preciso] transformar em estado de direito o estado de natureza entre os Estados".[25]

Mas a experiência europeia não é a única portadora da cosmopolitização.

COSMOPOLITIZAÇÃO JURÍDICA E POLÍTICA

Diversas instituições mundiais não dependem mais exclusivamente da lógica estatal do direito internacional, mas desse novo direito cosmopolítico que reconhece os seres humanos como detentores individuais de direitos fora da soberania dos Estados: trata-se da Corte Penal Internacional, que, mesmo não tendo a extensão e a competência que desejariam Habermas e muitos outros, é uma jurisdição penal universal permanente, encarregada de julgar pessoas acusadas de genocídio, crime contra a humanidade, agressão e crime de guerra. Podemos dizer o mesmo dos tribunais penais internacionais temporários (TPI para a ex--Iugoslávia, Ruanda, Serra Leoa etc.). Mas as duas maiores novidades em relação à cosmopolitização jurídica são o "diálogo entre juízes" e a "deslocalização judicial". No primeiro caso, os juízes recorrem a decisões estrangeiras para apoiar suas sentenças: foi dessa forma que a Corte Suprema dos Estados Unidos, baseando--se em uma decisão da Corte Europeia dos Direitos Humanos, invalidou em 2003 uma lei que condenava a homossexualidade, embora sua própria jurisprudência fosse em sentido contrário.[26] Pela "deslocalização judicial", uma jurisdição pode deslocar-se

---

23 Ibid., p.75-7.
24 Ibid., p.77-8.
25 Ibid., p.122.
26 Cf. Lourme, op. cit., p.36-8.

para outra, em nome da "competência universal dos juízes": foi desse modo que o general Pinochet, acusado de genocídio, tortura, terrorismo internacional e sequestro, foi preso na Inglaterra em 1998, por aplicação de um mandato internacional de prisão emitido por um juiz espanhol.

Evidentemente, devemos acrescentar também o "direito de ingerência humanitária", que foi invocado em tempos recentes para justificar diversas intervenções militares, mas pode se vangloriar de sua longevidade: em *Lição sobre os índios* (1532), Francisco de Vitoria justifica o que denomina "intervenção por motivo de humanidade", já que "Deus deu a cada um mandamentos relativos ao seu semelhante e todos eles são nossos semelhantes. Portanto, qualquer um pode defendê-los da tirania, que é sobretudo a dos príncipes".[27]

E devemos acrescentar ainda a consciência cosmopolita da globalização dos riscos – ambientais, por exemplo –, as conferências sobre o clima (que são realizadas entre Estados, mas envolvem diretamente os seres humanos), o papel das ONGs internacionais nas questões humanitárias, sanitárias, farmacêuticas, ecológicas, educativas, ou na luta contra a corrupção, a pobreza, a desnutrição, na defesa dos direitos humanos, na promoção do desenvolvimento etc. Tudo isso contribui para o que denominamos a cosmopolitização dos espíritos "a partir de cima", quando o mundial se torna cosmopolita, isto é, quando é compartilhado por todos; e não devemos confundi-la com a "cosmopolitização a partir de baixo", quando o cosmopolita se torna mundial.

COSMOPOLITIZAÇÃO A PARTIR DE BAIXO... E DO MEIO

Além da importância já assinalada das redes sociais, não devemos subestimar o papel que os encontros diretos entre cidadãos do mundo, mais ou menos formalizados, têm para o desenvolvimento de uma consciência cosmopolita: negociações internacionais entre empresas (mesmo pequenas e médias), competições

---

27 Francisco de Vitoria, *De Indiis*, III, 15.

esportivas (jogos olímpicos, campeonatos mundiais), intercâmbios internacionais de estudantes (Erasmus, Erasmus Mundus), cooperação universitária, mercado de arte e exposições, festivais de música etc. Tudo isso foi estudado pelos sociólogos.[28]

Mas há um fator essencial de cosmopolitização que não vem nem "de cima" nem "de baixo", mas "do meio", ou melhor, da "essência". Algumas atividades são *essencialmente* cosmopolíticas: são praticadas por indivíduos, muitas vezes em contextos estatais, mas visam à humanidade como tal. São, por excelência, a pesquisa universitária e científica. Obviamente, ela sofre interferência de questões relativas à propriedade intelectual, *copyright*, patente etc., mas isso tem pouca importância. Por exemplo, quando um matemático francês demonstra um novo teorema, antes de publicá-lo em uma revista internacional, ele comunica sua primeira formulação aos poucos matemáticos do mundo (indianos, russos, chineses, dinamarqueses ou o que seja) capazes de compreender as implicações de sua descoberta. Os matemáticos se sentem cidadãos do mundo. De maneira mais geral, desde que os gregos inventaram o *episteme*, sabemos que os procedimentos e os resultados científicos independem de línguas, culturas, nações ou Estados, e, sobretudo, que os procedimentos de legitimação de seus resultados são universais.

É útil mencionarmos aqui o funcionamento institucional de uma comunidade científica que ilustra de maneira exemplar esse ideal de universalidade: o IPCC,[29] que reúne climatologistas de todos os países e continentes. Embora não produza conhecimentos, que dependem do funcionamento ordinário da ciência (artigos de revistas científicas com controle anônimo de pares, reprodutibilidade de observações, medidas e experiências etc.), o IPCC tem um papel decisivo na circulação internacional, aberta e transparente, das descobertas científicas e na aceitação dessas

---

28 Por exemplo, Beck, *Qu'est-ce que le cosmopolitisme?*
29 Lembramos que o Painel Intergovernamental sobre Mudanças Climáticas (mais conhecido pela sigla em inglês IPCC) foi criado em 1988 com o objetivo de "fornecer avaliações detalhadas do estado dos conhecimentos científicos, técnicos e socioeconômicos a respeito das mudanças climáticas, suas causas e repercussões potenciais, e estratégias de enfrentamento".

descobertas pelas autoridades políticas. Ele é a realização pública do ideal científico: a ciência como obra da humanidade para a humanidade; e uma realização brilhante, porque está ligado a um campo marcado por controvérsias e envolve o futuro da humanidade como tal, isto é, de todos os seres humanos presentes e futuros. Além disso, o IPCC é a prova da inanidade do conceito de "tecnociência" invocado pelos que criticam os supostos danos (domínio e destruição da natureza, onipotência de uma racionalidade cega, lógica da eficiência, progressismo infinito etc.) e, sobretudo, o desenvolvimento não controlado. Raras vezes o divórcio entre técnicas e ciências foi tão claro. Enquanto a evolução das técnicas e suas finalidades industriais ou aplicações continuam rigidamente controladas pelos Estados (justamente o que torna seu desenvolvimento internacional não controlável), os procedimentos científicos de medida e controle escapam aos Estados e são a única maneira de lutar contra o desenvolvimento não controlado das técnicas e de seus efeitos nocivos – nesse caso, sobre o clima. O IPCC é cidadão do mundo.

ORIGENS INTELECTUAIS DA UTOPIA COSMOPOLITA

A origem intelectual da utopia cosmopolítica é a mesma das duas outras: o individualismo liberal. Quanto menos dependentes nos sentimos do local, mais nos sentimos pertencentes ao global. Há duas maneiras de considerar as consequências disso.

Uma primeira leitura (desfavorável) considera que a atitude cosmopolítica – a que leva à defesa de um cosmopolitismo radical – é privilégio dos que podem dar-se ao luxo de não ser de lugar nenhum e estar em casa em qualquer lugar. Eles fazem parte das elites globalizadas, que viajam "à maneira ocidental", quando querem e para onde querem, porque desfrutam em qualquer lugar da mesma segurança e dos mesmos confortos de que desfrutam em seu país, e podem ter acesso à rica variedade de povos e à diversidade de culturas do mundo sem nenhum sobressalto. Esse universalismo primoroso é temperado por uma boa dose de relativismo: eles não acreditam em nada além deles mesmos. Não têm passado e pensam exclusivamente em seu futuro. São cidadãos do mundo porque, no fundo, o mundo já pertence a eles. Procure o liberalismo por trás desse cosmopolitismo.

Os excluídos da globalização cosmopolítica, ao contrário, reivindicam legitimamente mais proteção local, mais referências culturais e mais segurança do Estado.

Uma segunda leitura (favorável) considera que a atitude cosmopolita é o produto necessário e positivo da Modernidade: marca o esgotamento das fidelidades tradicionais ao grupo familiar, às superstições locais, aos ritos absurdos, o fim da submissão às leis do clã, às fofocas de aldeia, às superstições daninhas, aos preconceitos raciais, aos mitos nacionalistas, às crenças xenofóbicas, homofóbicas ou patriarcais: o cidadão do mundo pode defender os crimes de honra, o massacre dos intocáveis, a perseguição dos albinos, a amputação dos ladrões, ou preconizar o suicídio das viúvas, a excisão ou o casamento de meninas aos 8 anos de idade? O cidadão do mundo é simplesmente o homem do Iluminismo. Ele contribui para o esclarecimento do mundo. Por trás do nome cosmopolitismo, há apenas o humanismo universalista.

Os adversários da globalização cosmopolita, ao contrário, reivindicam um retorno obscurantista a um passado mítico, inventam uma pureza original e defendem identidades culturais imaginárias.

As duas leituras podem ser defendidas. Mas, seja qual for a que se adote, devemos convir que a utopia cosmopolítica é filha do individualismo liberal, em qualquer sentido que se tome o termo.

Dúvidas

Deixemos de lado os argumentos que mostram que o cosmopolitismo é irrealista: toda utopia é irrealista por definição. Limitemo-nos ao *ideal* cosmopolítico. As críticas são muitas, mas não faltam ao cosmopolita argumentos para responder.

UNIVERSALISMO?

O primeiro argumento é uma miragem do universalismo. Por trás do "mundo", diz o objetor, esconde-se forçosamente uma certa "visão do mundo"; do Império Romano à colonização francesa, o universal não foi mais do que um pretexto para as conquistas. Quanto à "humanidade", ela é apenas o testa de ferro de certa humanidade – que atualmente é o "Ocidente". As intervenções "humanitárias", como são chamadas diante da opinião pública, servem a finalidades estratégicas e interesses de Estado. "Quando falam em nome do 'mundo', veja primeiro quem está falando!", conclui o objetor.

O cosmopolita admitirá que, de fato, as investidas de dominação ou discriminação muitas vezes precisam se apoiar em valores universais. E o uso cínico da razão humanitária está muito bem documentado na história das intervenções militares. Todavia, acrescentará, as investidas de subjugação mais "bem-sucedidas" não precisam desse tipo de pretexto; ao contrário, elas anunciam claramente: nós somos humanos, eles não. "Os africanos têm de ser escravizados, porque é um raça condenada desde a maldição divina de Canaã", ou porque são idólatras, praticam antropofagia, feitiçaria, incesto... Em resumo, eles são "inumanos".[30] Não é preciso invocar a humanidade, porque os inimigos não são homens de verdade. "Os parasitas judeus que contaminam o sangue ariano têm de ser exterminados, porque são 'sub-homens'." É desnecessário invocar o universal, pois o que os judeus encarnam para os nazistas é justamente o cosmopolitismo, o universalismo, o humanismo.

Na verdade, o motivo humanitário não é pretexto para a dominação, mas, ao contrário, serve à causa dos dominados. Os africanos não lutaram contra a escravidão para se tornar mestres de seus antigos mestres, mas para abolir universalmente a escravidão. "Quero que a liberdade e a igualdade reinem em Santo

---

30 Cf. Vignaux, La justification de l'esclavage et de la traite. In: _____, *L'Église et les Noirs dans l'audience du nouveau royaume de Grenade*, disponível em: <http://books.openedition.org/pulm/496>. Acesso em: 18 maio 2018.

Domingo. Trabalho para que elas existam. Uni-vos, irmãos, e combatei comigo pela mesma causa. Desenraizai comigo a árvore da escravidão."[31] Em julho de 1792, os "líderes dos revoltosos negros de Santo Domingo" dirigiram-se nos seguintes termos à "assembleia geral, aos comissários nacionais e aos cidadãos da parte francesa de Santo Domingo" para exigir o fim da servidão:

> Postos na terra como vós, sendo todos filhos de um mesmo pai, criados a uma mesma imagem, somos, pois, todos iguais em direitos naturais... Eis, senhores, a demanda de homens semelhantes a vós e eis sua última resolução: eles resolveram viver livres ou morrer.[32]

As lutas antissegregacionistas sempre visaram à universalidade e à igualdade dos direitos humanos; e é justamente por isso que, às vezes, as dominações desvirtuam esses motivos para voltá-los contra os dominados.

Para terminar, o cosmopolita pede para perguntarmos aos pensadores antiuniversalistas: "Que ideais guiam vocês em seus combates? Vocês têm objetivos *particulares* que visam a uma categoria determinada de humanos?". Alguns são de triste memória ('a ditadura do proletariado'), outros são contraditórios (substituir o patriarcado pelo matriarcado) ou até mesmo absurdos (discriminar os heterossexuais). É preciso convir que vocês têm forçosamente objetivos universalistas: fim da exploração do homem pelo homem, igualdade entre mulheres e homens, não discriminação por orientação sexual etc. O argumento antiuniversalista refuta a si mesmo.

---

31 Louverture, *Déclaration à Saint-Domingue*, 29 ago. 1793.
32 Carta de Jean-François, Biassou e Belair, líderes dos revoltosos negros de Santo Domingo, Avis à la souveraineté du peuple, *Annales Historiques de la Révolution Française*, n.311, p.132-9. Disponível em: <http://www.persee.fr/doc/ahrf_0003-4436_1998_num_311_1_2095>. Acesso em: 18 maio 2018.

ESSÊNCIA DO POLÍTICO?

Essa segunda crítica é tão clássica quanto a primeira: o cosmopolitismo destrói "a essência do político".

Por princípio, diz o objetor, os homens só podem viver politicamente se constituírem uma comunidade, isto é, se "forem um" (*"um* povo", por exemplo, ou *"uma* nação"); e só podem ser um sob a condição – talvez em parte imaginária, mítica ou inventada, mas em todo caso necessária – de constituir uma totalidade dotada de identidade. Ora, continua o objetor, isso só é possível se houver distinção entre interior e exterior, nativo e estrangeiro, "nós" e "eles". Na versão forte, essa é a tese atribuída a Carl Schmitt: para ele, o critério do político é a distinção do amigo (interior) e do inimigo (exterior). Na versão fraca, é a tese de John Rawls: ainda que as fronteiras sejam historicamente arbitrárias, seu papel é justificável: elas permitem, por exemplo, que um povo "se responsabilize por seu território, pela integridade de seu meio ambiente, assim como pelo tamanho de sua população".[33] Essa ideia é defendida por Régis Debray em outros termos: "Para que servem as fronteiras, afinal? Para unir". O que os cosmopolitas não levam em consideração é "o que é preciso de abertura na vertical para fechar um território na horizontal, o que é preciso para que um aqui cole e fique firme".[34]

Essa crítica é considerável. Mas nós temos uma resposta. Em que o fato de nos "unir" enquanto humanos nos impediria de nos "unir" enquanto franceses? Se o fato de ser cidadão europeu não é impedimento para ser cidadão francês, por que o seria o fato de ser cidadão do mundo? E se o argumento vale para os 70 milhões de franceses que têm direitos consideráveis (mas legítimos) em razão de sua cidadania, o argumento vale *a fortiori* para os bilhões de habitantes do planeta aos quais sua cidadania não dá direito nenhum, nem sequer o de abandoná-lo – sem falar dos 250 milhões de imigrantes ou dos 12 milhões de apátridas. Uma parte dos habitantes da Terra não teria nada a perder se fosse cidadã do mundo, mas a maioria teria tudo a ganhar.

---

[33] Rawls, *Paix et démocratie*, p.54.
[34] Debray, Clôtures et portails, la montée. In: _____, *Éloge des frontières*, IV.

DESPOTISMO OU ANARQUIA?

Mas o objetor não desiste. Apela para Kant. Se "cosmopolita" significa alguma coisa (e, em particular, mais do que hospitalidade ou acolhida benévola dos estrangeiros), se o cosmopolitismo deve ser fiel ao seu propósito, isto é, a paz universal, ele deve ser, como indica o nome, um "Estado mundial" com força suficiente para impor-se a todos os Estados. Ora, segundo a crítica de Kant, esse Estado mundial seria forçosamente despótico ou anárquico:

> Todo Estado, sempre que encontra a seu lado outro ao qual pode submeter, tem a tendência a crescer ao submetê-lo, e assim até a monarquia universal, uma constituição na qual toda liberdade deve desaparecer e, com ela, a virtude, o gosto e a ciência. Todavia, esse monstro, quando absorve todos os seus vizinhos, dissolve-se por si mesmo e, por insurreições e discórdias, divide-se em vários pequenos Estados, que, ao invés de tender a uma "Federação dos Estados" (ou a uma "aliança dos povos"), repetem o mesmo jogo.[35]

John Rawls retoma o mesmo argumento para eliminar *a priori* a ideia de um Estado mundial:

> Um regime político unificado, dotado dos poderes legais exercidos normalmente pelos Estados centrais, seria ou um despotismo global, ou um império frágil, devorado por uma guerra civil permanente, na medida em que regiões e povos diversos tentariam conquistar sua autonomia e liberdade política.[36]

Embora afirme visar a uma "utopia realista",[37] Rawls se limita a um "direito dos povos" que repete a ideia kantiana de "aliança dos povos". Mas, para evitar que na negociação das cláusulas

---
35 Kant, *Religion dans les limites de la simple raison*, I, III, nota do parágrafo "L'homme est mauvais par nature".
36 Rawls, op. cit., p.51.
37 "A filosofia política é realisticamente utópica quando amplia o que a reflexão ordinária concebe como limite das possibilidades políticas práticas" (ibid., p.18 e 24).

do acordo internacional firmado entre os diferentes "povos", os "representantes" desses povos reproduzam as relações de força ou desigualdade geográfica que existem entre seus respectivos Estados, ele sugere que as regras de boa conduta sejam decididas "sob o véu da ignorância" dos territórios que seriam designados a cada um (tamanho, população, recursos naturais, nível de desenvolvimento econômico etc.).[38] Tanto para Rawls como para Kant, visto que forçosamente um Estado mundial oscilaria entre a praga do despotismo e a cólera da guerra de todos contra todos, a paz seria garantida somente por um tratado de não agressão entre Estados democráticos. Para ambos os autores, a soberania dos Estados é tão preciosa quanto a dos indivíduos: o individualismo liberal entre seres humanos também se aplica aos Estados.

Admira que argumentos tão fracos tenham convencido mentes tão geniais. Deixemos de lado a ideia ilusória de que uma aliança *a priori* dos Estados pode evitar conflitos. É difícil imaginar que, ao se dar conta de que o acaso geográfico atribuiu solos áridos ou subsolos pobres ao seu Estado, os representantes dos povos se comportem como *gentlemen* e, com todo o *fair play*, não se sintam tentados a se espraiar por terras mais agradáveis, onde corram leite, mel e petróleo. Mas a apologia da soberania parece tão frágil quanto a crítica ao Estado mundial. Concordamos que o antagonismo dos Estados tende ao imperialismo. E que um Estado que conquistou todos os outros seja necessariamente despótico. Mas não conseguimos entender por que esse argumento, que é válido no caso de uma pluralidade de Estados rivais, seja válido no caso de um Estado mundial único. Não conseguimos entender nem como nem por que esse Estado mundial, que resultaria do abandono progressivo e voluntário de uma parte da soberania dos Estados, teria tendência a tornar-se despótico. Não há nada que nos obrigue a pensar assim.

E não há nada que nos impeça de pensar que uma espécie de "princípio de subsidiariedade" é aplicável ao contexto mundial. Lembramos que o princípio de subsidiariedade, ratificado pelo Tratado de Lisboa como um dos princípios fundamentais da

---

38 Ibid., p.47.

União Europeia, consiste em reservar exclusivamente ao escalão superior – nesse caso, a União Europeia – o que o escalão inferior – os Estados membros da União Europeia – efetuaria de forma menos eficaz. É como em um Estado, no qual sempre se procura o equilíbrio entre o local, o regional e o global. E do mesmo modo que nada nos impede de pensar (esperar? recear?) que, por esse mecanismo progressivo, os cidadãos dos Estados Unidos da Europa possam vir a dispensar sua cidadania britânica ou espanhola (como esperam muitos escoceses ou catalães), exatamente como a cidadania norte-americana é suficiente para os habitantes do Arkansas ou do Oregon, nada nos impede de pensar (esperar? recear?) que os cidadãos do mundo possam dispensar outra cidadania qualquer.

DIVERSIDADE CULTURAL?

É nesse ponto que o objetor triunfa e apresenta a quarta crítica. Diz ele: "Vocês acham que os homens estão dispostos a abandonar o que, vocês querendo ou não, constitui sua 'identidade', isto é, sua nação (seja ela realidade ou ilusão), sua cultura, sua língua, sua religião, sua memória, sua história, suas fábulas etc., em nome do fato de serem todos humanos?". E, empolgando-se: "O cosmopolitismo é o fim das singularidades locais, que são justamente a riqueza da humanidade; é a dissolução da diversidade cultural num insosso *melting pot* anônimo e globalizado; é a generalização do *globish,* da *world music,* que não é música de lugar nenhum; é Disney e McDonald impondo-se a Sófocles e ao Mahabharata. A cultura somente tem sentido no plural. A cultura cosmopolita é uma contradição em termos; aliás, no YouTube ou no Twitter, já se pode ver como se impõem a lógica da circulação das mercadorias culturais, a mercantilização turística, a folclorização das tradições etc.".

A argumentação, válida contra a globalização, parece fracassar contra o cosmopolitismo.

A resposta do cosmopolita é muito fácil: em que as fronteiras garantiriam a preservação das culturas locais? Em que os

Estados seriam os grandes defensores da diversidade cultural, e não seus coveiros? Um Estado centralizador, enfurnado em suas fronteiras, tem mais chances de nivelar a diversidade das culturas do que um Estado federal. A cidadania europeia é um obstáculo à "identidade" dos bascos? A cidadania iemenita ajuda alguém a se sentir árabe? As cidadanias iraniana, turca, iraquiana ou síria contribuem para a identidade dos curdos? Às vezes, na melhor das hipóteses, a cidadania não é obstáculo à "identidade cultural" (se é que o termo designa sempre a mesma coisa): uma pessoa pode se dizer (com muito orgulho) bretão e francês, e o fato de se sentir pertencente à nação, à história, à cultura, à língua ou ao povo (ou o que se queira) francês nunca impediu ninguém de pensar que pertence igualmente à nação, à história, à cultura, à língua ou ao povo bretão. Não vemos por que o fato de nos dizermos e nos proclamarmos (com muito orgulho) cidadão de um mundo sem fronteiras seria prejudicial a nossas outras identidades. Aliás, as fronteiras da Bretanha precisam de demarcação para que sejam defendidas a cultura, a língua, a música ou a história bretã (cujos limites seguramente não coincidiriam com elas)? As fronteiras da Bélgica ou da Federação da Rússia serão capazes algum dia de constituir um povo ou uma "nação" unida por uma "cultura"? E um indivíduo precisa de fronteiras para se sentir "judeu", em qualquer sentido que se tome esse nome (religioso, histórico, cultural ou memorial, o nome de certa fidelidade)? As fronteiras do Estado judeu, que ninguém sabe dizer onde se situam (nem sequer a Declaração de Independência do Estado de Israel), são mais "claras e reconhecidas" do que as fronteiras do próprio mundo, quando os judeus sabiam que eram seus "cidadãos"? Golda Meir declarou certa vez: "As fronteiras estão onde estão os judeus, não onde existe uma linha no mapa".[39] Podemos ler isso como um declaração de imperialismo ilimitado de Israel ou, ao contrário, como uma apologia à diáspora e uma declaração de cosmopolitismo cheia de orgulho, uma declaração fiel à tradição judaica. Na verdade, o cosmopolitismo não é um impedimento à

---

39 Palavras atribuídas à primeira-ministra Golda Meir, em 1972, por ocasião de um encontro com os imigrantes da União Soviética nas colinas de Golã.

diversidade cultural, e as misturas a que leva, assim como a vontade de "retornar às raízes" ou os fenômenos de "purismo" que provoca, são uma melhor garantia de sua preservação do que as políticas de Estado, que mais asfixiaram do que promoveriam o local e o diverso.

AS DUAS FACES DA HUMANIDADE?

A verdadeira interrogação sobre o cosmopolitismo está ligada à sua visão da humanidade, que parece despropositadamente otimista. O ideal cosmopolítico implica superposição das comunidades moral e política: para que não existam mais estrangeiros, os limites da Cidade devem ser os da humanidade. Ora, apesar de admitirmos que uma comunidade moral ideal termina nas fronteiras da humanidade, não podemos identificá-la com a comunidade política: seria contraditório com a definição da política, como bem observou Kant. O homem é não só social por natureza, como também associal. Portanto, a política tem sempre duas dimensões: os homens aspiram a estabelecer relações em uma *sociedade*, mas não podem fazê-lo sem um *poder* que imponha leis. Essas duas dimensões da política correspondem às duas faces da humanidade: nem "boa" a ponto de poder viver em harmonia sem uma instância responsável por regular os conflitos; nem "má" a ponto de ter de viver eternamente dividida em uma guerra permanente na qual todos lutam contra todos. Querer reconciliar moral e política seria negar a dualidade do político e a ambivalência do humano. Querendo servir à humanidade, o ideal cosmopolítico serviria apenas a uma ilusão.

Há, talvez, duas respostas possíveis. A primeira refere-se aos meios da suposta reconciliação entre moral e política. Não há somente moral e política, há também o direito que serve de terceiro termo. O direito apoia-se em valores como a moral, mas, assim como o poder político, formula regras que são impostas pela força. A moral visa o bem, é generosa, acolhedora, hospitaleira; o direito visa a impedir o mal: que adversários políticos sejam torturados, que mulheres sejam estupradas, que crianças trabalhem, que homossexuais sejam perseguidos, que homens sejam jogados ao mar ou confinados em campos de refugiados. Ora, o que pode e deve se tornar cosmopolítico não é a moral – que por princípio é universal – ou a política – que talvez seja sempre local (cidade, departamento, província, "nação", federação) –, mas o direito – que nada impede que seja mundial. Nesse caso, convém encontrarmos a aplicação apropriada do princípio de subsidiariedade e a articulação adequada dos diferentes direitos: local, regional, nacional, federal, humano. Isso não é conceitualmente impossível.

A segunda resposta refere-se ao próprio princípio da reconciliação. Segundo a definição kantiana do homem, é impossível reconciliar a moral e a política porque o homem é "dividido", e seu "lado mau" sempre tenderá a impor-se, pois o homem é "mau por natureza", como a velha base protestante de Kant não o deixa esquecer. Mas não há nenhuma razão para aceitarmos essa visão do homem.

Para atender às exigências do argumento, adotaremos a definição mais clássica, a de Aristóteles. Em um texto famoso de *A política* (I, 2, 1253a 1-19), o ser humano é definido como "um animal político"; é específico dele utilizar uma linguagem (*logos*) que possibilita não só a expressão de emoções ou paixões (como nos animais simplesmente sociais), como também a afirmação ou a negação de *valores* (bem e mal, justiça e injustiça) e, portanto, o diálogo; ora, segundo Aristóteles, essas discussões *pro* e *contra* são possíveis e até mesmo necessárias na vida política, uma vez que a Cidade (ou ao menos a Cidade onde é aprazível viver) é exatamente o espaço comum que possibilita a discussão desses valores e, inversamente, sustenta-se sobre esses valores discutidos em comum. Impossível não ver que há uma tensão interna nessa definição do homem: "animal político" e "animal falante", animal político porque falante e falante para poder viver politicamente. Por um lado, o homem vive naturalmente em Cidades; por outro, ele fala naturalmente. Mas o que ele não viveria em uma Cidade onde estão todos com quem ele pode falar! Se o espaço daqueles com quem ele *deve* viver politicamente se confundisse com o espaço daqueles com quem ele *pode* conversar, argumentar, discutir prós e contras, Cidade e humanidade se confundiriam. Portanto, longe de contrariar a natureza do homem, o cosmopolitismo seria a reconciliação dessa natureza com ela mesma.[40] Seria a melhor maneira de fazer o animal político que quer viver com seus semelhantes coincidir com o animal falante que pode dialogar com todos os seus semelhantes.

Esse é o fundamento próprio do cosmopolitismo, ao menos da forma como o entendemos. Além das relações afetivas que podemos ter com pais, amores, amigos, vizinhos, moradores de nossa cidade, de nossa província, de nosso país, nossos correligionários, existe uma comunidade, que chamamos de Cidade, na qual podemos manter com o outro relações baseadas na igualdade, considerar o outro um igual e ter relações recíprocas com ele. Conversa, bate-papo, prosa, diálogo, interlocução, falação, conciliábulo, conferência, discussão, debate, controvérsia, altercação, negociação, transação etc.: eis a obra mínima da humanidade em sua relação consigo mesma, onde quer que esteja quando está em paz. E a diversidade das línguas não é um obstáculo ao cosmopolitismo: todas são traduzíveis, falam do mesmo mundo, do nosso mundo em comum. A possibilidade de diálogo nunca termina na porta de casa, no círculo de amigos, nos subúrbios da cidade, nos confins da província, nas barreiras da cultura, nas fronteiras demarcadas pelos acasos da história. A Cidade estende-se *naturalmente* a todos os homens, isto é, ao mundo. O mundo é tudo que se pode dizer e reúne todos os que podem se falar.

Uma ética da terceira pessoa

A ética cosmopolítica pode ser concebida como "de primeira pessoa": é a ética libertária de quem deseja habitar o mundo como um cidadão de lugar nenhum, um Diógenes da Modernidade. A ética cosmopolítica também pode ser concebida como "de

---

40 Será que é preciso esclarecer que, evidentemente, essa não é de modo algum a conclusão de Aristóteles, para quem não pode e não deve haver uma Cidade do mundo? A Cidade deve ser a menor possível, desde que seja capaz de satisfazer as necessidades essenciais de sua população.

segunda pessoa": compaixão pelos refugiados, acolhida dos imigrantes, hospitalidade ilimitada aos estrangeiros. Mas a ética da utopia cosmopolítica é uma ética de terceira pessoa. Ao contrário das duas utopias anteriores, ela se enuncia de um ponto de vista imparcial: os destinatários ou beneficiários da ação e da atenção moral não são nem "eu", nem "você", nem "nós", nem "vocês", mas ele, ela, eles, todos, seja quem for. Em uma ética da terceira pessoa, eu não me envolvo, ou me envolvo na mesma qualidade que o outro, eu sou como o outro e todo outro é como eu. Eu tenho o mesmo ponto de vista, seja qual for o ponto de vista que eu adote.

O cosmopolitismo clássico deseja banir a guerra, por isso pressupõe uma ética na terceira pessoa. A guerra é um mal em si, porque é um mal para todos: para o agredido, que se torna vítima dela, para o agressor, que se sente agredido por ela, e para todos os homens que, por natureza, preferem viver em paz.

A utopia cosmopolítica deseja banir a estraneidade. Pressupõe *a fortiori* uma ética na terceira pessoa, porque é uma ética da justiça, e não adota o ponto de vista de um ou outro, mas o ponto de vista de lugar nenhum. A justiça reparte bem e mal equitativamente: "a cada um o que lhe cabe" (*cuique suum tribuere*). A revolução cosmopolítica visa à justiça global.

Isso é demonstrado de duas maneiras: uma negativa e outra positiva.

Negativamente, é difícil dizer o que é justo; é mais fácil dizer o que é injusto. Sentimos espontaneamente a injustiça em dois campos. O primeiro é o dos "infortúnios da virtude" ou das "prosperidades do vício": quando vemos um inocente sendo perseguido ("Por que ele está sendo punido? Ele não fez nada!") ou um safado que se deu bem. A justiça corretiva supostamente restabelece o equilíbrio no interior da comunidade. Por isso, na ideia de Justiça suprema (o Juízo Final de inúmeros mitos populares), cada um é tratado como merece, em função e em proporção do que fez. Há outro campo em que a injustiça é claramente perceptível, até mesmo para uma criança. Pedro ganhou mais bolo do que Maria. Por quê? Ele foi mais obediente, mais estudioso, tirou notas mais altas? Caso contrário, *não existe razão*. A justiça distributiva supostamente atribui a cada indivíduo uma parte proporcional a seus méritos na divisão dos bens (ou males: tarefas, serviços) da comunidade. Por isso toda discriminação ligada ao *nascimento* parece profundamente injusta: conforme o sangue, a posição social, a linhagem familiar, a cor da pele, a "raça", as capacidades físicas, o sexo, a orientação sexual etc. Elas não têm razão. São um mal.

Mas se abolimos os privilégios do nascimento, diz o cosmopolita, por que não abolimos os privilégios do *lugar* de nascimento? É por mérito meu que nasci no Norte do Mediterrâneo, é por culpa dela que ela nasceu no Sul? Nós nos empenhamos para que haja, no interior de nossa comunidade, a divisão mais justa possível das liberdades (direitos de) e prestações (direitos a). Mas se as fronteiras de nossa comunidade são arbitrárias (e são!), se o direito a ter esses direitos se deve apenas ao acaso do nascimento, como o sexo ou a cor da pele, então as atribuições estatais mais justas se tornam profundamente injustas do ponto de vista de lugar nenhum, isto é, do ponto de vista da justiça global. Logo, a única maneira de acabar com a injustiça global é abolir as fronteiras arbitrárias das comunidades de Estado e constituir a comunidade do mundo com leis cosmopolíticas.

Um outro raciocínio – dessa vez positivo – conduz ao mesmo resultado.

Como podemos saber o que é justo? Adotando o ponto de vista imparcial da terceira pessoa. É o que se faz quando há uma divergência: recorremos a um terceiro, um mediador, um árbitro, um juiz. Existe um equivalente dele para a reflexão: temos de adotar o ponto de vista de lugar nenhum para a experiência do pensamento. Por exemplo, o "espectador judicioso" de David Hume, o "espectador imparcial" de Adam Smith, a "vontade geral" de Rousseau, o imperativo categórico em terceira pessoa de Kant ou o "véu da ignorância" de John Rawls em sua teoria da justiça.[41] A reflexão sobre a justiça começa quando digo em primeira pessoa: eu poderia ser essa pessoa, eu poderia ter sido aquela pessoa, isto é, eu poderia ser qualquer um, e poderia me acontecer qualquer coisa. Ao contrário da compaixão, por exemplo, que pressupõe que a sensibilidade da vítima nos sensibilize, a justiça

---

41 Rawls, *Théorie de la justice*.

consiste em adotar em primeira pessoa o ponto de vista neutro da terceira pessoa, admitindo a contingência de sua condição atual e real. Posso me conceber como desempregado ou refugiado por problemas climáticos, mesmo sem me imaginar no lugar desse desempregado ou refugiado. Posso estender essa experiência do pensamento ordinário para conceber abstratamente uma sociedade justa: para isso devo abstrair todos os meus interesses pessoais. Para John Rawls, por exemplo, os princípios de uma comunidade justa deveriam ser adotados por seres racionais que estão fadados a viver juntos, mas desconhecem sua condição futura: status social, sexo, capacidades físicas, aptidões intelectuais, fé, convicções. Dessa forma, segundo Rawls, eles decidiriam que todos teriam os mesmos direitos-liberdades e somente aceitariam as desigualdades sociais e econômicas entre eles se fosse para o proveito dos menos favorecidos, isto é, se o efeito de uma maior igualdade fosse a piora de sua própria situação. Não nos interessa aqui discutir essas teses. O que nos interessa é que a experiência do pensamento do véu da ignorância parece desconsiderar o principal: as condições reais que o acaso do nascimento atribui a cada um de nós, a origem geográfica, o solo, a nacionalidade etc. Em outras palavras: Rawls é infiel à sua própria experiência original. O véu da ignorância pressupõe que cada ser humano seja capaz de distinguir entre o que procede de sua essência humana (capacidade de raciocinar, discutir princípios de vida comum) e o que depende das condições casuais em que se realiza essa essência. Daí decorrem duas críticas simétricas. De um lado, os nacionalistas (ou os comunitaristas) podem objetar (como não perderam a oportunidade de fazer): por que o sentimento nacional, ou a "cultura" à qual pertenço, por exemplo, não seriam constitutivos de minha identidade? É possível pensar em si mesmo de forma abstrata, como qualquer ser humano racional, sem pensar naquilo pelo qual se realiza concreta, histórica e socialmente essa identidade? De outro lado, os cosmopolitas podem objetar (como não perderam a oportunidade de fazer): por que considerar como condições casuais as aptidões intelectuais ou a fé religiosa, e não o lugar de nascimento, por exemplo?

Das duas, uma: ou concebemos uma sociedade justa a partir de um homem concreto, e nesse caso temos de nos perguntar o que constitui sua identidade (e por que não podemos considerar que o sentimento nacional, por exemplo, é tão essencial quanto a convicção religiosa?); ou concebemos uma sociedade justa a partir de um homem abstrato, e nesse caso temos de considerar que ele é membro da comunidade humana como tal. Dependendo do tamanho do véu da ignorância, caímos ou no nacionalismo ou no cosmopolitismo; e qualquer tamanho intermediário é arbitrário. Se negamos a nação, ou porque é uma identidade ambígua, ou porque leva à guerra, ou porque é artificial, somos necessariamente cosmopolitas, e essa é a única solução justa.

Cosmopolitismo, estágio supremo do humanismo

Como podemos definir a utopia cosmopolítica? Por uma analogia. Como um sonho de reconciliação da humanidade consigo mesma. Ela é para a condição humana o que a democracia é para a condição política.

Como dissemos, a visão do homem de acordo com o cosmopolitismo tem duas faces, assim como a política. Se os homens conseguissem viver naturalmente em harmonia, sem paixões egoístas, o poder seria supérfluo, a vida política seria espontaneamente comunitária; seria possível uma comunidade sem poder ou uma sociedade sem polícia, isto é, uma vida política sem política. Inversamente, se a concórdia fosse contra a natureza dos homens, se eles fossem por natureza rebeldes à sociedade, viveriam isolados e a vida política se resumiria à violência e à guerra, isto é, não haveria nenhuma diferença entre a comunidade (onde, em princípio, sempre reina a paz) e seu exterior (onde pode reinar sempre a guerra). Nesse caso, seria de novo o fim do político. Por isso é que a história da filosofia política parece vacilar sempre entre estes dois conceitos: ou o político é definido pelo vínculo social, e nesse caso o poder é um simples meio de assegurá-lo; ou ele é definido pelas relações de coerção, comando e luta, e nesse caso a comunidade é um simples meio de realizar sonhos de poder ou uma perpetuação aturdida de uma violência originária. Ora as filosofias políticas são teorias da sociedade e do bem comum (e ao mesmo tempo projetos de sociedades melhores), ora são teorias do poder (como adquiri-lo, conservá-lo e ampliá-lo), do bom governo (como comandar os homens e administrar as coisas) e da excelência da ação (senso de oportunidade, capacidade de decisão).

No entanto, se houvesse uma sociedade em que os dois conceitos opostos do político – a aspiração à comunidade, a necessidade de um poder – se unissem a ponto de se confundir, de serem indistinguíveis, poderíamos dizer que essa sociedade instituiu, à sua maneira, a possibilidade da unidade do político. Se houvesse uma comunidade que, em vez de se manter à custa de um poder distinto dela mesma (uma instância organizada para essa finalidade, um chefe todo-poderoso, um grupo dirigente, uma classe dominante, um Estado), conservasse sua unidade por sua própria força, uma sociedade em que o poder político se localizasse na comunidade política como tal, poderíamos dizer que essa sociedade realizou a ideia *una* do político. Tem sentido um conceito de político em que os polos da comunidade e do poder se confundam? Houve algum dia uma sociedade que realizasse esse conceito? Provavelmente não. E, no entanto, é esse ideal, ou essa ilusão, que chamamos de "democracia". É como se esse regime imaginado, sonhado, almejado, tentasse a todo custo impedir qualquer dicotomia entre a comunidade e o poder, e ao mesmo tempo tentasse reconciliar as duas instâncias do político.

Talvez a democracia seja inatingível. É possível que o regime representativo moderno traia o conceito de democracia, que ela seja incompatível com o tamanho ou o funcionamento das sociedades modernas, que contrarie a natureza das relações sociais, forçosamente antagônicas, ou até mesmo a natureza do homem. Tudo isso foi dito, mas ainda assim podemos nos esforçar para instituí-la, refundá-la e alcançá-la.

Vale o mesmo para o cosmopolitismo. É como se ele também se esforçasse para reconciliar as duas faces opostas da humanidade. De um lado, o animal político que aspira a um "nós" e não pode fazer isso sem distingui-lo de um "eles". De outro, o animal falante que pode fazer um "nós" com qualquer um e não precisa de um "eles": cada um é para todo outro como é para si mesmo, ao infinito. Isso é o mundo humano. A reciprocidade é o fundamento da linguagem humana (que repousa sobre a possibilidade de falar a todo outro, o que chamamos de interlocutividade), mas é também o fundamento da justiça global (que repousa sobre o pensamento de que cada um poderia ser um outro). Essa reconciliação somente seria possível se a comunidade política não tivesse outra fronteira além da fronteira do mundo, isto é, se "nós" fôssemos "cidadãos do mundo".

Talvez essa cidadania seja inalcançável. É possível que o direito internacional humanitário traia o conceito de cidadania, que ela seja incompatível com o tamanho e o funcionamento dos Estados modernos, que contrarie a natureza das relações internacionais, forçosamente antagônicas, ou até mesmo a natureza do homem. Tudo isso foi dito, mas ainda assim não há nenhuma razão para não visarmos a esse ideal. E, com relação à realidade, podemos hesitar entre três posições.

Podemos nos limitar ao humanismo prudente estabelecido por Kant: instituir um direito cosmopolítico mínimo que garanta uma circulação dos seres humanos o mais livre possível, compatível com a soberania dos Estados. Era o que propunha a Convenção de Genebra relativa aos refugiados, e que hoje é praticamente letra morta. Esse direito cosmopolítico poderia ser fundamentado no seguinte raciocínio. Os direitos humanos são universais, independentes de origem ou nacionalidade, mas os direitos políticos são exclusivos e unem apenas concidadãos. "No entanto, se reconhecemos como direito humano fundamental o direito de participar de uma coletividade política que decide seu destino", não existe contradição intransponível entre esses dois princípios; ela é "evitada por um terceiro princípio", segundo uma análise notável de Solange Chavel. Para que a igualdade dos direitos humanos "seja respeitada, é necessário e suficiente que cada ser humano goze de direitos políticos no interior de uma comunidade política". O "é necessário" significa "não criar apátridas". O "é suficiente" significa que a igualdade dos direitos humanos "é satisfeita pelo fato de um ser humano pertencer a um regime de direitos políticos, seja qual for". E Chavel acrescenta:

Essa proposta diz também que existe um dever de acolhida dos refugiados, quando se trata de um caso em que os indivíduos, apesar de pertencerem a uma comunidade política, têm seus direitos humanos fundamentais desrespeitados. Esse dever de acolhida dirige-se coletivamente a todas as entidades políticas que declarem respeitar as regras da justiça política.[42]

Poderíamos ser mais audaciosos e iniciar um processo reformista que foi exemplificado pela construção da União Europeia e continua nas propostas federalistas de Jürgen Habermas: suplantar progressivamente a soberania dos Estados em qualquer matéria que, segundo um princípio de subsidiariedade, não seja de interesse local nem nacional, mas da humanidade como tal.

Por último, de forma mais irrealista, mas perfeitamente coerente, poderíamos manter intacto o ideal de justiça global. Tentaríamos fazer a revolução cosmopolítica visando à realização do Estado mundial, que seria para a condição humana na Terra o que a democracia é para a condição política. Esse objetivo é supra-humanista. Evidentemente há riscos no caminho, e esperanças. Mas, ao contrário dos objetivos das revoluções pós-humanista ou animalista, ele se situa no prolongamento do humanismo iluminista, do qual é a consumação.

---

[42] Chavel, L'accueil des réfugiés: compassion ou justice?, *La Vie des Idées.fr*, 14 jun. 2016. Disponível em: <http://www.laviedesidees.fr/L-accueil-des-refugies-compassion-ou-justice.html>. Acesso em: 18 maio 2018.

– CONCLUSÃO –

TRANSPOSIÇÃO DAS FRONTEIRAS

Quem não quer viver mais e com saúde? Quem não concordaria em amenizar os sofrimentos de todos os seres sensíveis? Que alma generosa se negaria a ser mais hospitaleira com os estrangeiros? O problema é que esses ideais não são os de nossas três utopias. Cada uma se alimenta, em princípio, dessa vontade de fazer o certo, mas a fim de transformá-la em vontade absoluta do Bem: abolir para sempre as doenças, a velhice e a morte; abolir para sempre a exploração dos animais; abolir para sempre a guerra entre os seres humanos.

Três utopias, três formas de desmedida, ou de *húbris*, como diziam os antigos: a primeira quer libertar-se das fronteiras naturais da vida e da morte; a segunda quer libertar-se das fronteiras naturais que separam as espécies; a terceira quer libertar-se das fronteiras artificiais que dividem os seres humanos. Três modos de não limitação do desejo moderno: o desejo ilimitado de ser eu mesmo em primeira pessoa – desejo de desejo que acabou louco por si mesmo; o desejo ilimitado de igualdade, nascido de uma ética da compaixão – um igualitarismo insano; o desejo ilimitado de justiça – uma ética sem medida da medida. Três utopias para tempos de individualismo. Pois somos indivíduos dotados de direitos inalienáveis, e disso não restam dúvidas. Mas que indivíduos? Essa é a dúvida moderna. Espíritos liberais que têm o direito de viver infinitamente? Animais liberais sensíveis que têm o direito de não sofrer? Habitantes liberais do mundo que têm todos os mesmos direitos?

Essas três utopias são incompatíveis, porque repousam sobre princípios éticos e visões da humanidade contraditórios. Mas a alma nobre gostaria de conciliar os três: prolongar a vida de todos, tratar melhor os animais, receber melhor os refugiados etc. Isso só será possível se ela desistir de erradicar o Mal. Ela deve deixar de lado os programas revolucionários anti-humanistas e concentrar-se nos ideais humanistas. Desejar a saúde dos humanos e a imortalidade da humanidade. Tratar os animais à altura do que são e na medida do que representam para os homens. Querer justiça para toda a humanidade.

Notamos que é nesse ponto que termina o paralelo entre as três utopias. Pois se milhões de dólares são generosamente investidos em projetos trans-humanistas, e se milhões de militantes generosos se empenham no combate abolicionista, é para destruir o quadro do pensamento humanista: romper com a suposta animalidade do homem para torná-lo puro espírito pela união com as máquinas; romper com a suposta superioridade espiritual do homem para torná-lo um animal igual aos outros, reconciliado com os animais fora dele. A utopia cosmopolítica, por sua vez, é humanista por definição, seja qual for o nível do bem a que ela vise, do mais realista ao mais ilusório: hospitalidade para com os estrangeiros, igualdade dos cidadãos da comunidade humana, justiça global do Estado mundial. E é a única que tem um propósito justo. A primeira utopia não visa à justiça, embora queira o bem a todos. A segunda não visa à justiça, embora queira diminuir o sofrimento, porque não é capaz de definir uma medida única dos bens e dos males. A utopia cosmopolítica é a única que pode visar à justiça, porque se fundamenta no ponto de vista de lugar nenhum. A utopia cosmopolítica, que não tem apoio nem dos financistas nem da opinião pública, é a única fundamentada em uma velha convicção filosófica: nós, seres humanos, não somos nem deuses nem animais; somos animais falantes que vivem em Cidades – para o bem e para o mal.

Nos tempos antigos, essa convicção se escorava na pergunta "o quê?", mas a Modernidade talvez tenha nos ensinado a reformulá-la. Hoje, a pergunta "o que somos nós, seres humanos?" parece ter apenas respostas incertas: talvez sejamos espírito, e isso não nos diferencia dos computadores; talvez sejamos seres sensíveis, e isso não nos diferencia dos animais. Não somos nem da natureza nem de fora da natureza, uma vez que somos ao mesmo tempo os carrascos e os conquistadores da natureza que existe fora de nós.

Mas a velha questão "o que é o homem?" tem outra formulação: "De onde somos?". E, nesse caso, não existem mais dúvidas, apenas uma certeza. Por mais que se diga e se pense que somos de algum lugar, de Paris ou de Johannesburgo, da França ou do Brasil, da Europa ou da África, sabemos muito bem que nós, seres humanos, somos também do mundo. E "sermos do mundo" tem dois sentidos: sermos de um só mundo e sermos todos do mesmo mundo. Sabemos disso desde que aprendemos a falar. É isso que faz a utopia cosmopolítica ser, senão a mais realista (em certo sentido, ela é a mais louca das três), ao menos a mais sólida do ponto de vista conceitual. E ter menos presente não implica que ela tenha menos futuro.

REFERÊNCIAS BIBLIOGRÁFICAS

ADAMS, C. J.; DONOVAN, J. (Orgs.). *Animals and Women:* Feminist Theoretical Explorations. Durham: Duke University Press, 1995.

ANDERSON, B. *L'imaginaire national:* réflexions sur l'origine et l'essor du nationalisme. Paris: La Découverte, 1996.

ARISTÓTELES. *Ética a Nicômaco.* [Ed. bras.: Trad. Edson Bini. São Paulo: Edipro, 2014.]

ATAL, I.; DUMITRU, S. Pourquoi penser l'ouverture des frontières. *Éthique Publique.* v.17, n.1, 2015. Disponível em: <http://ethiquepublique.revues.org/1727>.

BECK, U. *Qu'est-ce que le cosmopolitisme?* Paris: Aubier, 2006.

BESSONE, M. Le vocabulaire de l'hospitalité est-il républicain? *Éthique Publique.* v.17, n.1, 2015. Disponível em: <http://ethiquepublique.revues.org/1745>.

CHAUVIER, S. *Du droit d'être étranger:* essai sur le concept kantien d'un droit cosmopolitique. Paris: L'Harmattan, 1996.

CHAVEL, S. L'accueil des réfugiés: compassion ou justice? *La Vie des Idées. fr.* 14 jun. 2016. Disponível em: <http://www.laviedesidees.fr/L-accueil-des-refugies-compassion-ou-justice.html>.

COHEN, D. *La mondialisation et ses ennemis.* Paris: Grasset, 2004.

CONDORCET. *Esquisse d'un tableau historique des progrès de l'esprit humain.* Paris: Vrin, 1970.

DEATON, A. *The Great Escape:* Health, Wealth and the Origins of Inequality. Princeton: Princeton University Press, 2013.

DEBRAY, R. *Éloge des frontières.* Paris: Gallimard, 2010.

DERRIDA, J. *L'animal que donc je suis*. Paris: Galilée, 2006. [Ed. bras.: *O animal que logo sou*. 2.ed. São Paulo: Ed. Unesp, 2011.]

DESPRET, V. *Quand le loup habitera avec l'agneau*. Paris: Les Empêcheurs de Penser en Rond, 2002.

DIGARD, J.-P. *L'homme et les animaux domestiques:* anthropologie d'une passion. Paris: Fayard, 1990.

DUNAYER, J. *Animal Equality:* Language and Liberation. New York: Ryce, 2001.

ENGELS, F. *Anti-Dühring*. Paris: Éditions sociales, 1971. [Ed. bras.: São Paulo: Boitempo, 2015.]

FERRY, J.-M. Fédéralisme ou cosmopolitisme: quel principe politique pour l'Union europérenne? In: FOESSEL, M.; LOURME, L. (Orgs.). *Cosmopolitisme et démocratie*. Paris: PUF, 2016.

FOESSEL, M. Le cosmopolitisme sans la paix? In: _____; LOURME, L. (Orgs.). *Cosmopolitisme et démocratie*. Paris: PUF, 2016.

GARCIA, T. *Nous, animaux et humains*. Paris: François Bourin, 2011.

GAUCHET, M. *La religion dans la démocracie*. Paris: Gallimard, 1998. Col. Folio Essais.

GELLNER, E. *Nations et nationalisme*. Paris: Payot, 1989.

HABERMAS, J. *La paix perpétuelle:* le bicentenaire d'une idée kantienne. Paris: Le Cerf, 1996.

HAWKING, S. Interview with Rory Cellan-Jones. Disponível em: <http://www.bbc.com/news/technology-30299992>.

HEIDEGGER, M. *Lettre sur l'humanisme*. Paris: Aubier Montaigne, 1970.

HOBSBAWM, E. J. *Nations et nationalisme depuis 1780:* programme, mythe, réalité. Paris: Gallimard, 1992.

HOHFELD, W. N. *Fundamental Legal Conceptions as Applied in Judicial Reasoning*. New Haven: Yale University Press, 1964.

JEAN-FRANÇOIS; BIASSOU; BELAIR. Avis à la souveraineté du peuple. *Annales Historiques de la Révolution Française*, n.311, 1998. Disponível em: <http://www.persee.fr/doc/ahrf_0003-4436_1998_num_311_1_2095>.

JONAS, H. *Le principe de responsabilité:* une *éthique* pour la civilisation technologique. Paris: Cerf, 1990.

KANT, I. *Doctrine de la vertu*. Paris: Vrin, 1985.

_____. *Idée d'une histoire universelle d'un point de vue cosmopolitique*. Paris: Le Livre de Poche, 1997.

_____. *Projet de paix perpétuelle* (1795). Trad. J. Gibelin. Paris: Vrin, 1999.

_____. *Religion dans les limites de la simple raison*. Paris: Garnier, 2005.

KANT, I. Compte-rendu de l'ouvrage de Herder: idées pour une philosophie de l'histoire de l'humanité (1785). In: _____. *Opuscules sur l'histoire*. Paris: GF-Flammarion, 2014.

KERVÉGAN, J.-F. Éléments d'une théorie institutionnelle des droits. *Klēsis-Revue Philosophique*: Philosophie Analytique du Droit, n.21, 2011. Disponível em: <http://www.revue-klesis.org/pdf/Klesis-Philosophie-analytique-du-droit-5-Kervegan.pdf>.

KYMLICKA, W.; DONALDSON, S. *Zoopolis*: une théorie politique des droits des animaux. Paris: Alma, 2016.

LARRÈRE, C. *Les philosophies de l'environnement*. Paris: PUF, 1997. Col. Philosophies.

_____. Ce que sait la montagne. Aux sources des philosophies de l'environnement. *La Vie des Idées.fr*. Disponível em: <http://www.laviedesidees.fr/IMG/pdf/20130430_environnement.pdf>.

LE BRAS, H. *L'âge des migrations*. Paris: Autrement, 2017.

LOURME, L. *Le nouvel âge de la citoyenneté mondiale*. Paris: PUF, 2014.

_____. *Qu'est-ce que le cosmopolitisme?* Paris: Vrin, 2012.

LOUVERTURE, T. *Déclaration à Saint-Domingue*, 29 août 1793, Saint-Domingue, Antilles.

LUCRÉCIO. *Da natureza*. [S.d.i.]

MÉRY, A. *Les végétariens*: raisons et sentiments. Paris: La Plage, 1998.

NATIONAL SCIENCE FOUNDATION; DEPARTMENT OF COMMERCE OF UNITED STATES. *Converging Technologies for Improving Human Performance*: Nanotechnology, Biotechnology, Information Technology and Cognitive Science. Dordrecht, Kluwer Academic, 2003 Disponível em: <http://www.wtec.org/ConvergingTechnologies/Report/NBIC_report.pdf>.

NOZICK, R. *Anarchie, État et utopie*. Paris: PUF, 2016.

PELLUCHON, C. *Manifeste animaliste: politiser la cause animale*. Paris: Alma, 2017.

PROCHIANTZ, A. Mon frère n'est pas ce singe. *Critique*, n.747-8, ago.-set. 2009.

RAWLS, J. *Paix et démocratie*. Paris: La Découverte, 2006.

_____. *Théorie de la justice*. Paris: Le Seuil, 1987.

ROUSSEAU, J.-J. *Discours sur l'origine et les fondements de l'inégalité parmi les hommes*. Paris: Gallimard, 1964.

SAPONTIS, S. F. Saving the Rabbit from the Fox. In: _____. *Morals, Reason, and Animals*. Philadelphia: Temple University Press,

1987. Versão em francês: <http://www.cahiers-antispecistes.org/faut-il-sauver-le-lievre-du-renard/>.

SAVATER, F. *Toroética:* pour une *éthique* de la corrida. Paris: L'Herne, 2012.

SEARLE, J. Esprits, cerveaux et programmes. In: HOFSTADTER, D. R.; DENNETT, D. C. *Vues de l'esprit.* Paris: InterÉditions, 1987.

SINGER, P. *La libération animale.* Paris: Grasset, 1993.

VIGNAUX, H. La justification de l'esclavage et de la traite. In: _____. *L'Église et les Noirs dans l'audience du nouveau royaume de Grenade.* Montpellier: Presses Universitaires de la Méditerranée, 2009. Disponível em: <http://books.openedition.org/pulm/496>.

VILMER, J.-B. J. *Éthique animale.* Paris: PUF, 2008.

VITORIA, F. de. *De Indiis.* [S.d.i.]

WOLFF, F. *Notre humanité.* Paris: Fayard, 2010. [Ed. bras.: *Nossa humanidade*: de Aristóteles às neurociências. São Paulo: Ed. Unesp, 2012.]

_____. *Philosophie de la corrida.* Paris: Pluriel, 2010.

_____. L'animal et le dieu: deux modèles pour l'homme. In: _____. *Penser avec les anciens*: un trésor pour toujours. Paris: Pluriel, 2016.

SOBRE O LIVRO

Formato: 14 x 21 cm
Mancha: 23,7 x 40,3 paicas
Tipologia: Iowan Old Style 10/13,1
Papel: Off-white 80 g/m² (miolo)
Cartão Supremo 250 g/m² (capa)
1ª edição Editora Unesp: 2018

EQUIPE DE REALIZAÇÃO

Edição de texto
Silvia Massimini Felix (Copidesque)
Tomoe Moroizumi (Revisão)

Capa
Marcelo Girard
(Imagem: *La Bête de Gévaudan*)

Editoração Eletrônica
Sergio Gzeschnik (Diagramação)

Assistência Editorial
Alberto Bononi
Richard Sanches

GRÁFICA PAYM
Tel. [11] 4392-3344
paym@graficapaym.com.br